파파
리더십

일상과 이상을 이어주는 책 일상이상

세상을 뒤흔든 베트남 축구의 비밀 파파 리더십
ⓒ 2019, 이수광

초판 1쇄 찍은날 · 2019년 3월 13일
초판 1쇄 펴낸날 · 2019년 3월 20일
펴낸이 · 이효순 | 펴낸곳 · 일상과 이상 | 출판등록 · 제300-2009-112호
편집인 · 김종필
주소 · 경기도 고양시 일산서구 일현로 140 112-301
전화 · 070-7787-7931 | 팩스 · 031-911-7931
이메일 · fkafka98@gmail.com
ISBN 978-89-98453-61-9 (03320)

파파 리더십

세상을 뒤흔든 베트남 축구의 비밀

이수광 지음

일상이상

왜 파파 리더십이 필요한가?

　지금 우리는 저성장기조가 오랫동안 지속되어 불황의 늪에 빠져 있다. 경제성장률이 낮아지고 소비침체 등으로 문 닫는 기업이 늘고 있다. 이러한 위기를 이겨낼 리더가 필요하다고 정치권에서도 뼈저리게 느끼고 있지만 지금 우리에게는 믿고 따를 만한 리더가 있는가?

　좋은 리더는 정치권뿐만 아니라 기업과 가정 등에도 두루 필요하다. 지금 우리 사회는 온통 위기에 처한 듯하다. 얼마 전부터 내수뿐만 아니라 수출에도 적신호가 들어오면서 기업의 체감경기는 갈수록 악화되고 있다. 또 일자리가 도무지 늘지 않고 가계 상황도 악화되면서 가정 역시 위태로운 건 마찬가지다. 리더라면 위기에 처할수록 구성원들이 믿고 따를 수 있는 리더십을 갖추어야 한다.

정치권에서든 기업에서든 가정에서든 어려울 때일수록 리더는 비전이라도 제시해야 한다. 당장에 삶이 나아지기 힘들더라도 나아질 수 있다는 희망이라도 심어주어야 한다. 인간에게 희망이라도 없다면 죽은 인간과 다를 바 없을 테니까. 안타깝게도 지금 우리나라에는 희망의 청사진을 건네주는 리더, 믿고 따를 만한 리더가 부재한 듯하다.

그런데 얼마 전부터 베트남에서 희소식이 날아들고 있다. 바로 베트남 축구대표팀을 이끌고 있는 박항서 감독의 승전보이다. 베트남 축구대표팀은 아시아는커녕 동남아시아에서도 인정받지 못할 만큼 약체였다. 그런 베트남 축구대표팀이 박항서 감독이 사령탑을 맡으면서부터 눈부시게 달라졌다. 아시안게임 4강 진출과 스즈키컵 우승 등 아시아 축구의 강호로 급부상했다.

박항서 감독은 어떻게 짧은 기간에 기적을 이루었을까? 그의 리더십은 한마디로 '파파 리더십'이다. 그는 아버지처럼 다정하게 선수들을 배려하고 챙기는데, 선수들이 그를 '파파'라고 부르며 따르고 있다. 박항서 감독의 파파 리더십은 선수들뿐만 아니라 베트남 국민의 마음도 사로잡았다. 베트남에서 박항서 감독은 한류스타보다 인기 있고, 베트남 국민이 가장 존경하는 베트남 건국의 아버지 호치민 다음으로 존경하는 영웅이 되었다.

베트남 축구대표팀의 경기가 열리는 날이면 하노이의 미딘 광장에는 베트남의 국기인 금성홍기와 한국의 태극기를 들고 응원전을 펼치는 사람들로 인산인해를 이룬다. 광장을 가득 메운 붉은 물결은 2002년 월드컵 당시에 서울시청 광장에서 응원전을 펼쳤던 우리의 모습과 사뭇 닮았다. 그때 우리에게는 축구대표팀뿐만 아니라 국민 모두에게도 뜨거운 팀워크가 형성되었고, 이러한 열기는 IMF 외환위기 이후에 침체되었던 희망을 되살리는 원동력이 되어주었다.

2002년 월드컵 당시에 수석코치였던 박항서는 히딩크 감독의 조력자로 대한민국 축구대표팀을 4강 신화로 이끌었고, 이제는 60세가 넘은 나이에 영웅으로 돌아와 박항서 신드롬을 일으키고 있다. 남들이 은퇴하는 예순 이후에 인생의 황금기를 다시 맞고 있는 것이다.

박항서 감독은 인생의 황혼기에도 도전을 멈추지 않았다. 경기가 열릴 때에는 벤치에 앉을 줄 모른 채 선수들에게 열정적인 제스처를 보내는 그의 뜨거운 리더십 덕분에, 베트남 축구팀은 아시아 정상권으로 성장했다. 박항서 감독과 베트남 축구대표팀에 열광하는 베트남 젊은이들의 모습에서 날마다 성장하고 있는 베트남의 미래가 보이는 듯하다.

도전을 멈추지 않는 박항서 감독의 열정은 베트남 젊은이들뿐만 아니라 우리나라 젊은이들에게도 귀감이 되고, 예순이 넘어서도 새로운 전성기를 일궈내는 그의 모습은 장년 이후의 세대들에게도 반향이 크다. 국내 기업가와 정치 지도자들 역시 박항서 감독이 일으키는 신드롬에 주목하면서 그의 리더십에도 주목하게 되었다. 언론에서는 그의 파파 리더십을 다루는 기사가 연일 쏟아지고 있다.

하지만 그의 리더십에 대해 좀 더 구체적으로 다루는 책은 이제까지 출간되지는 않았다. 많은 축구 전문가들이 베트남 축구는 '포스트 차이나'로 불리는 베트남 경제와 달리 성장 가능성이 매우 낮다고 보았다. 베트남 축구대표팀의 감독이 되면 오명이 따를 것이라고 우려했다. 그럼에도 불구하고 그는 베트남 축구대표팀의 감독으로 부임했다. 일각의 우려와 달리 감독을 맡은 지 불과 3개월 만에 U-23 아시안컵 결승전에 진출해 베트남을 흥분의 도가니로 만들었다. 짧은 기간에 아시아의 약팀이었던 베트남 축구대표팀을 강팀으로 만든 박항서 감독의 리더십에는 어떤 비밀이 있을까?

이러한 궁금증에 사로잡힌 나는 오랜만에 단행본 집필을 위해 펜을 들었다. 나 역시 박항서 감독처럼 예순을 훌쩍 넘겼지만 그의 파파 리더십의 비밀을 파헤치기 위해 지난 몇 개월간 젊은 시절 못지않게 열정을 되살렸다. 그러면서 이제까지 출간된 리더십 분야의 책들과는 조금은 다른 책을 쓰고 싶었다.

사실 나는 『부자열전』 등 여러 권의 경제경영서를 집필한 바 있지만 『조선을 뒤흔든 16가지 살인사건』과 『나는 조선의 국모다』 등의 역사서와 소설로 유명해진 작가다. 역사서 또는 소설처럼 마지막 페이지를 넘길 때까지 눈을 뗄 수 없는 경제경영서를 쓰고 싶었다. 그러기 위해 박항서 감독의 일대기를 소설처럼 흥미진진하게 소개하면서 우리가 익히 아는 동서고금의 리더들, 세상을 뒤흔든 인물들의 리더십과 박항서 감독의 파파 리더십을 비교분석했다.

박항서 감독의 파파 리더십은 아버지의 리더십이다. 우리 시대에는 아버지보다 어머니의 입지가 커지긴 했지만 가정이 바로 서려면 좋은 아버지가 필요하다. 좋은 아버지는 가족에게 신뢰받는 인물이면서 정신적 기둥이 되어주는 존재이다. 국가에서든 기업에서든 가정에서든 조직의 구성원들은 말로만 한 가족이라고 외치는 리더를 절대 따르지 않는다. 아버지처럼 희생하고 배려하는 리더, 자발적으로 존경하고 신뢰할 수 있는 리더를 자연스레 따르게 마련이다. 리더라면 불황일수록 구성원들이 믿고 따르도록 해야 하는데, 그러기 위해서는 아버지의 리더십, 파파 리더십이 필요하다.

지금 우리 주위에는 희망보다는 절망이 팽배하지만, 이 책이 희망의 불씨가 되어주기를 바란다. 박항서 감독처럼 기적의 리더십을 발휘하는 분들이 많아지면 좋겠다.

새봄을 기다리며

지은이 이수광

차례

제1부

파파 리더십, 아버지는 강하다

66

지도자라면 누구나 그렇게 합니다.

저만 그렇게 하는 것이 아닙니다.

말이 안 통해 스킨십으로 선수들에게

마음을 전하는 것뿐입니다.

99

리더십은 조직과 무리를 이끌어가는 힘이다. 어떤 리더십을 발휘하느냐에 따라 조직이나 무리의 흥망성쇠가 갈린다. 그런데 얼마 전부터 베트남 축구대표팀 박항서 감독의 파파 리더십이 큰 반향을 일으키고 있다.

그렇다면 우리에게 아버지는 어떤 존재인가? 유교 문화의 영향력이 컸던 과거의 아버지는 지금과는 사뭇 달랐다. '군사부일체(君師父一體)'라는 말에는 '임금과 스승과 아버지의 은혜가 같다'는 뜻이 담겨 있는데, 과거의 아버지는 임금처럼 우러러볼 만한 인물이었고, 스승처럼 존경받는 존재였다.

하지만 지금의 아버지는 어떠한가? 우리나라에서는 이제 아버지의 입지가 좁아졌다. '남편이 주장하고 아내가 이에 잘 따라야 한다'는 '부창부수(夫唱婦隨)'는 더 이상 통용되지 않는다. 우리 시대의 어머니는 아이들의 교육권은 물론 경제권까지 갖게 되었다.

우리가 가장 중요하게 여기는 것은 교육과 경제다. 정부의 여러 장관 중에서 교육과 경제를 책임지는 장관들은 '교육부총리'와 '경제부총리'이다. 여느 장관들보다 직급이 높은 '부총리'라는 직책을 부여받는다. 어머니가 교육권과 경제권을 갖게 되었으니, 아버지는 예전의 가장처럼 더 이상 막강한 권한이 없다. 게다가 아버지는 나이 들면 더 초라해진다. 직장에서 은퇴하면 가정에서 설 자리가 더 좁아진다. '은퇴하고 아내에게 하루 세 끼 식사를 차려 달라고 하는 남편'을 '삼식이 남편'이라는 비꼬는 말도 생기지 않았는가.

사랑이든 건강이든 행복이든 우리는 그것을 잃고 나서야 비로소 그 소중함을 깨닫곤 한다. 만약 집에서 아버지가 사라진다면 어떨까? 우리 시대의 아버지는 초라한 존재로 전락했지만 없어서는 안 될 존재이다. 아내와 자녀가 힘들어할 때 고충을 이해하고 희망과 용기를 북돋아주는 아버지, 가정이 어려울수록 좋은 아버지가 필요하다.

그렇다면 좋은 아버지가 되려면 어떻게 해야 할까? 한때 '넛지 효과(Nudge effect)'라는 말이 유행한 적이 있다. '넛지'는 강요나 억압을 하지 않고 바람직한 방향으로 부드럽게 말하면서, 더 나은 선택이나 판단을 할 수 있도록 유도하는 것이다. 그렇다.

좋은 아버지가 되기 위해서는 가족에게 넛지 효과를 일으켜야 한다. 수입은 줄었는데 지출이 늘어난 가정이 있다고 치자. 잔뜩 찌푸린 얼굴로 "앞으로 생활비랑 용돈을 줄여!"라고 강압적으로 말하는 아버지보다 "지금도 힘든데 앞으로 더 힘들어져서 어떡하지? 나부터 용돈을 줄일게"라고 미안해하는 아버지에게 정이 가게 마련이다.

넛지 효과(Nudge effect)는 상대를 바람직한 방향으로 유도하는데, 박항서 감독의 파파 리더십에는 그와 비슷한 '파파 효과(Papa effect)'를 엿볼 수 있다. 그는 선수 개개인이 자발적으로 자신감과 열정 그리고 장점을 일으킬 수 있도록 동기를 부여했다. 그 결과 짧은 기간에 베트남 축구대표팀은 실력이 향상되었고, 지금도 날마다 성장하는 중이다. 자, 이제부터 파파 리더십의 비밀을 알아보기로 하자.

베트남을 하나로 만든 파파 리더십

2018년 한 해가 저물어가는 12월 15일. 1억 베트남의 모든 눈과 귀는 하노이에 있는 축구전용경기장인 미딘 국립경기장으로 쏠리고 있었다. 4만 명의 관중을 수용할 수 있는 경기장의 티켓은 일찌감치 매진되었고, 20~30배 가격의 암표가 팔리는 등 뜨거운 관심 속에서 관중이 속속 입장했다.

12월 15일은 토요일이었다. 하노이를 비롯해 호치민 등 베트남의 주요도시는 아침부터 축구 열기로 뜨겁게 달아올랐다. 각 도시의 광장이나 경기장에는 대형 화면이 설치되어 거리 응원을 준비했다.

"필승 베트남!"

베트남 국민은 붉은색 옷을 입고, 얼굴에는 베트남의 금성홍기를 상징하는 별을 붙이며, 베트남 국기를 흔들면서 돌아다녔다. 젊은이들은 잔뜩 흥분해 있었고 부부들은 아이들까지 데리고 나왔다.

"베트남 만세!"

붉은 셔츠를 입은 사람들이 오토바이를 타고 깃발을 흔들면서 거리를 누볐다. 간헐적으로 경적을 울리기도 하고 태극기를 흔드는 청년들도 있었다. 그들은 '승리'를 외치기도 하고 '박항서'를 연호하기도 했다.

베트남에서 '동남아시아의 월드컵'으로 불리는 스즈키컵 열풍이 불고 베트남 국민이 열광하자 한국 언론에서도 관심을 갖기 시작했다. 한국의 지상파 방송인 SBS와 SBS스포츠채널이 공동으로 중계방송팀을 파견했다. 그러자 베트남 방송의 캐스터가 관심을 보였다.

"한국에서도 중계방송을 하고 있습니다."

"아, 한국에서도 우리 베트남 축구에 관심이 많군요."

베트남 방송의 캐스터와 해설위원이 이야기를 주고받았다. 베트남 방송이 한국 중계방송팀 캐스터와 해설위원의 모습을 화면에 담아내기도 했다.

사실 박항서 감독은 2002년 월드컵 당시에 수석코치를 맡았지만 히딩크 감독의 그늘에 가려 제대로 평가받지 못했다. 사람들 앞에 나서는 성격도 아닌지라 관심을 끌지 못했다. 2002년 월드컵 이후에 프로축구팀 감독을 맡기도 했으나 불운이 계속되어 제대로 평가받지 못했다. 그러한 그가 베트남 축구대표팀의 감독이 되어 각광받게 되었다. 베트남은 물론 한국에서도 그의 리더십에 주목하게 된 것이다.

SBS는 주말황금시간대에 방송되는 드라마까지 결방하면서 중계방송을 하기로 결정했다. 한국에서도 박항서 열풍이 불고 있기 때문이었다. 박항서 감독과 관련된 영상들이 유튜브에 올라오자마자 대부분의 조회수가 수만 회에 이르고 100만 회가 넘는 것도 많다.

'박항서 매직'이 일으킨 베트남 축구 열풍은 2018년 12월 15일에 절정을 이루고 있었다. 12월 15일은 스즈키컵 결승전이 열리는 날이었다.

베트남 축구는 스즈키컵 결승전에 10년 만에 진출했다. 축구는 프로리그도 갖출 만큼 인기 있고 국기처럼 사랑받는 스포츠이지만 실력만큼은 아시아의 변방에 지나지 않았다. 베트남 국민은 우승을 갈망해 왔고 마침내 그 기회가 목전에 닥친 것이다.

베트남이 결승전에 진출한 것은 박항서 감독의 파파 리더십 덕분이었다. 그것은 흐우 탕과 둑 청 등 베트남 출신 감독들과 팔코 괴츠와 미우라 토시야 등 외국인 감독들도 이루지 못했던 일이었다. 베트남인들은 베트남 축구대표팀이 스즈키컵 결승전에 진출한 것은 박항서 감독의 리더십 덕분이라고 생각했고, 박항서 감독은 물론 그의 조국인 한국에도 고마워했다.

이러한 축구 열풍은 약 1년 전에 불었다. 2018년 1월, U-23 아시안컵 결승전이 중국 창저우에서 열렸을 때도 베트남에서는 축구 열풍이 불었다. 베트남 국민과 언론은 23세 이하 대표팀이 본선에 진출할 것이라고는 전혀 예상하지 못했다. 베트남 방송은 미처 중계권을 확보하지 않았다가 베트남 축구대표팀이 본선에 진출하자 부랴부랴 중계방송팀을 꾸려 파견할 정도였다.

많은 전문가들의 예상과 달리 베트남팀은 승승장구했다. 준결
승전인 카타르전에서 승부차기 끝에 극적으로 승리하자 베트남
국민 중에는 감격에 못 이겨 울음을 터트린 사람들도 있었다. 이
들을 더욱 감동시킨 것은 창저우에서 열린 결승전이었다. 이 경
기는 눈보라가 휘몰아치는 가운데 열렸다.

베트남 선수들에게 눈은 마냥 낯선 것이었다. 우중 경기는 종
종 치렀지만 눈이 내리는 가운데 열린 경기는 처음이었다.

베트남팀은 악전고투 끝에 2 대 1로 분패했지만 눈이 자욱하
게 내리는 악조건에서도 끝까지 최선을 다해 베트남 국민을 감
동에 젖게 했다. 비록 준우승을 했지만 하노이 시의 거리는 그
들을 환영하는 인파로 메워졌다. 베트남 정부는 이들이 귀국하
자 훈장까지 수여했다. 이때부터 시작된 베트남 축구 열풍은 도
무지 식을 줄 몰랐다.

스즈키컵 결승전이 열리는 날인 2018년 12월 15일에 베트남
은 건기였으나 오후 4시가 되자 시원스레 폭우가 쏟아졌다. 경
기를 치르기 어려울 정도로 굵은 비가 쏟아졌지만 베트남 축구
대표팀은 크게 걱정하지 않았다. 아열대 지방에서 흔하게 볼 수
있는 국지성 소나기인 스콜이었다.

빗줄기가 거셌지만 거리 곳곳에 운집하는 베트남 국민의 응원 열기는 도무지 식어들지 않았다. 여러 도시에서는 거리 응원을 펼치기 위해 광장으로 시민들이 속속 모여들었다. 베트남 곳곳이 스즈키컵 열기로 후끈 달아오르고 있었다.

"이거 완전히 난리네요."

이영진 수석코치가 박항서 감독에게 말했다.

"2002년에도 이랬지. 우리는 잘 몰랐지만."

베트남을 휩쓴 축구 열풍을 생각하며 박항서 감독은 때때로 2002년 6월을 떠올리곤 했다. 그때에도 경기가 열릴 때마다 거리는 온통 붉은색으로 물들었다.

베트남의 거리 곳곳에서 금성홍기와 태극기를 흔드는 사람들에게 베트남 기업들이 이벤트를 벌였다. 기업들은 응원하는 사람들에게 음료를 무료로 제공하기도 했다. 최근 10년 동안 국제경기에서 우승하지 못한 베트남 축구대표팀은 10년 만에 스즈키컵 결승에 진출했다. 스즈키컵 결승은 홈 앤 어웨이 경기로 치러졌다. 말레이시아 쿠알라룸푸르에서 벌어진 1차전에서 2 대 2로 비겼을 때도 경기장에 8만 명의 관중이 입장했을 정도로 스즈키컵은 동남아시아에서 매우 인기 있는 대회다.

'우리는 8만 8천 명이 일방적으로 응원하는 말레이시아에서

도 밀리지 않았어.'

2차전 경기를 앞둔 박항서 감독은 어깨가 무거워지는 기분이었다. 2018년 1월에 U-23 아시안컵에서 준우승을 한 이후부터 베트남 축구대표팀이 주목받기 시작하자 박항서 감독에게도 많은 관심이 쏟아졌다. 베트남은 지난 10년 동안 경제성장에 치중해 왔으나 특별한 지도자가 없었다. 물론 정계와 재계에는 나름대로 지도자 역할을 하고 있는 리더들도 있지만 남녀노소 모든 국민을 하나로 이어주는 지도자는 없었다.

베트남에는 통일 베트남의 영웅이자 국부인 호치민이 있지만 베트남 국민에게 그는 성인과 같은 존재고 신에 가까운 존재이다. 그리고 그는 과거의 인물, 전설이 된 인물이다. 하지만 현재 살아 있는 인물 중에는 모든 국민이 열광하는 인물이 없었다. 박항서 감독이 베트남 축구를 승리로 이끌면서 새로운 영웅이 등장하게 된 것이다.

박항서 감독은 왜 베트남 국민에게 특별한 인물로 인정받게 되었을까? 짧은 기간에 기적 같은 결과를 이루었기 때문이기도 하지만 바로 파파 리더십 덕분이다. 그는 항상 아버지처럼 다정하게 선수들을 배려하고 챙기는데, 그런 그에게서 베트남인들은 호치민 같은 아버지의 모습을 떠올린다.

우리나라와 마찬가지로 베트남은 프랑스와 일본의 식민지배를 받은 역사가 있다. 하지만 베트남인들은 꿋꿋이 나라를 지켰다. 베트남인들을 하나로 이어주는 호치민이라는 아버지가 있었기 때문이었다. 호치민은 평생을 독립을 위해 헌신했고, 베트남인들은 그런 그를 아버지처럼 믿고 따랐다. 베트남인들은 호치민을 중심으로 하나로 모였기 때문에 독립을 이루었다.

호치민과 마찬가지로 박항서 감독은 믿고 따를 수 있는 아버지 같은 리더다. 그는 베트남 선수들을 자식처럼 따뜻하게 대한다. 선수들에게 발마사지를 해주는가 하면 부상당한 선수에게 감독에게만 주어지는 비즈니스석을 양보하기도 했다. 2018년 아시안게임 당시에 박항서 감독은 숙소에서 선수들의 발을 직접 마사지해 주었다. 또 2018년 12월 7일 스즈키컵 결승 1차전을 위해 말레이시아로 이동하던 비행기 안에서, 부상을 당한 선수에게 자신의 비즈니스석을 양보해 주었다. 그러니 선수들이 그를 아버지처럼 믿고 따를 수밖에.

아버지처럼 따뜻한 그의 모습을 많은 언론이 보도하고 미담이 되어 베트남인들의 가슴을 적셨다.

"지도자라면 누구나 그렇게 합니다. 저만 그렇게 하는 것이 아닙니다. 말이 안 통해 스킨십으로 선수들에게 마음을 전하는 것뿐입니다."

이 미담을 인터뷰하는 한 언론에 박항서 감독은 겸손하게 말했다.

그는 자식에게 권위만 내세우는 아버지가 아니라 장난까지도 넉넉하게 받아줄 줄 아는 아버지다. 스즈키컵 우승 직후에 기자 회견을 할 때였다. 우승 소감을 인터뷰하는 그에게 선수들이 기쁨에 겨워 뛰어 들어와 물을 뿌리면서 난리를 칠 때도 멋쩍은 미소만 지을 뿐 야단을 치지 않았다. 그는 베트남 국민에게도 친절했다. 산책하거나 운동할 때 베트남 시민들이 사진을 찍자고 하면 조금도 싫은 내색을 하지 않았다.

박항서 감독은 이미 60세가 넘었다. 꽃이 피면 질 때가 있듯이 예순이면 인생이 저녁노을빛으로 물들 때다. 예순이면 은퇴할 나이지만 그는 예순 나이에 전성기를 맞고 있다. 그래서일까? 한국에서는 은퇴를 앞둔 50대와 이미 은퇴했지만 새로운 전성기를 꿈꾸는 60대가 특히나 그에게 매력을 느끼고 있다. 그렇다면 그에게는 남들이 갖지 못한 비범함이 있을까?

그는 지극히 평범하다. 체구가 단단하긴 하지만 키는 작다. 주위에서 흔히 볼 수 있는 이웃집 아저씨 같은 모습이다. 그런데 이런 나이 많은 아저씨가 아버지처럼 선수들을 포용하고, 격려하면서 모든 것이 달라졌다. 오늘날 박항서 감독을 일컫는 대명사가 된 '파파'라는 말은 선수들에게서 먼저 나왔다. 아시아는커녕 동남아시아에서도 인정받지 못할 만큼 약체였던 베트남 축구대표팀은 박항서 감독이 사령탑을 맡으면서부터 자신감이 살아났고, 강한 전사로 거듭났다.

이처럼 기적 같은 드라마가 실제로 벌어지고 있으니 베트남인들이 박항서 감독을 사랑할 수밖에.

박항서 매직은 우연이 아니라 준비된 것

12월 15일, 미딘 국립경기장에는 긴장감이 감돌기 시작했다. 2018년 스즈키컵 결승전 2차전을 앞둔 박항서 감독은 폭스 스포츠 아시아판과 인터뷰했다.

"현장에서의 문제를 해결할 뿐만 아니라 베트남 팬들의 기대에 부응해야 한다는 압박감에 대처하기 위해 젊은 베트남 선수들을 준비할 것이다. 나는 선수들에게 자신을 진정시키고 통제하도록 요구할 것이다. 우리 자신과 선수들은 결승의 두 번째 경기가 얼마나 중요한지 알고 있고, 베트남 사람들을 실망시키지 않기를 바란다."

　1억 명에 가까운 베트남 국민들은 스즈키컵 우승을 간절히 바라고 있었다. 베트남은 스즈키컵에서 2008년에 우승했기 때문에 10년 만의 우승 도전이었다. 베트남에는 야구와 농구의 경우 프로리그가 없기 때문에 축구는 국기와 다름없었다. 홈에서 치르는 경기였지만 선수들에게는 크나큰 부담이 되었을 것이다. 바로 그 점을 간파한 박항서 감독은 열정 넘치는 젊은 선수들을 출전시키려 했는데, 젊은 선수이니만큼 감정 통제가 중요하다고 생각해 "선수들에게 자신을 진정시키고 통제하도록 요구할 것이다"고 했다. 그가 얼마나 준비성이 강한지 알 수 있는 대목이다.

　12월 15일 7시 45분이 가까워지자 관중석은 입추의 여지도 없이 메워졌고, 응우옌 쑤언 푹 총리까지 입장했다. 대형 베트남 국기가 여기저기서 나부끼고 군데군데 태극기까지 휘날렸다. 경기장은 붉은 옷과 깃발로 뒤덮였다. 경기 시간이 가까워지자 관중석에는 팽팽한 긴장감이 흐르기 시작했다.

　긴장감은 베트남의 대도시 축구장 그리고 대형 화면이 설치되어 있는 거리와 광장에도 흘렀다. 하노이의 광장에는 이미 수십만의 군중이 운집했다. 베트남 국민들은 가슴을 졸이면서 중계방송을 하는 대형 화면에 시선을 못 박았다.

사람들은 잔뜩 긴장하고 있었다. 2002년 월드컵에서 한국과 독일이 준결승전을 치렀을 때처럼 긴장감이 흐르고 거리는 붉은 물결로 뒤덮였다. 거리 응원에는 외국인들까지 가세해 붉은 옷을 입고 붉은 깃발을 흔들었다.

긴장감은 베트남 선수들과 코칭스태프들에게도 흐르고 있었다. 그들은 경기장에 팽팽하게 흐르는 긴장감을 억누르면서 경기를 준비했다.

"우리는 8만 관중이 일방적으로 말레이시아를 응원할 때도 기죽지 않았다. 흥분하지 마라. 긴장하지 마라. 내 뒤에 우리 동료가 있다는 것을 믿어라. 너희 뒤에는 베트남의 국민들이 있다."

박항서 감독은 경기 직전의 미팅에서 선수들에게 말했다. 선수들이 간과하지 말아야 할 것을 다시 한 번 되새겨준 것이다.

어떤 조직이든 강해지기 위해서는 강한 팀워크를 이뤄야 한다. 하지만 그것은 말처럼 쉽지 않다. 조직 내에는 서로 다른 개성을 지닌 구성원들이 있게 마련이고, 이들을 하나로 만드는 것은 결코 쉽지 않다. 그렇다면 강한 팀워크를 형성하기 위해서는 어떻게 해야 할까? 모든 구성원들이 서로를 신뢰해야 할 것이다.

제2차 세계대전 당시에 아이젠하워는 서유럽 연합군의 총사

령관을 맡았다. 그는 미군을 비롯해 영국군과 프랑스군 등 여러 나라의 군대를 하나의 팀으로 만들어야 했다. 당시에 미군에는 패튼 장군, 영국군에는 몽고메리 장군이 있었는데, 이 둘의 성격은 물과 기름처럼 서로 달라서 팀워크를 이루기 힘들었다. 패튼은 항상 과감한 공격을 주장했고, 몽고메리는 방어전 위주로 적군의 힘을 소진시키는 것을 선호했다. 패튼과 몽고메리는 사사건건 충돌하기 일쑤였고, 서로를 신뢰하지 않았다.

결과적으로 아이젠하워는 연합군을 하나로 만들었다. 그는 어떤 사람이라도 자신의 팬으로 만들 정도로 대인관계가 좋았고, 대립하는 두 집단을 조정하는 데도 능했다. 그가 얼마나 상대의 마음을 잘 사로잡았는지는 그를 만난 한 여성이 남긴 말을 통해 알 수 있다.

"맥아더를 만났을 때 난 그가 얼마나 대단한 장군인지 알게 됐어요. 하지만 아이젠하워를 만나자 내가 얼마나 매력 있고 사랑스러운 여자인지 알게 됐지요."

아이젠하워는 서로 불신했던 패튼과 몽고메리를 한 팀으로 만들었고, 한 팀이 된 그들은 상호신뢰를 바탕으로 노르망디 상륙작전에 성공할 수 있었다. 몽고메리는 노르망디 상륙작전에서 상륙군 사령관을 맡아 작전을 성공시켰고, 패튼의 3군이 진격하는 동안 독일군의 주력을 붙잡아두는 데 성공했다. 결국 두 지휘관의 활약으로 연합군은 노르망디 상륙작전 이후에 예상보다 적은 희생으로 파리를 탈환하는 데 성공했다.

하지만 안타깝게도 패튼과 몽고메리의 사이가 또다시 벌어지게 되었다. 미국 기자들이 패튼의 공적을 높이기 위해 상대적으로 몽고메리를 무능한 인물로 포장하면서 둘의 갈등이 커졌기 때문이다.

다시 베트남 축구대표팀 이야기로 돌아가자.

미딘 국립경기장에 말레이시아 국가에 이어 베트남 국가가 울려 퍼지자 거리에서 응원하는 시민들은 모두 기립했다. 시민들 중에는 어린아이들을 데리고 나온 사람들도 적지 않았다.

말레이시아와 베트남 국가가 연주되는 동안 박항서 감독은 마음속으로 기도했다. 그는 반드시 승리하기를 간절하게 빌었다. 그는 경기 직전에 항상 기도하는 독실한 기독교 신자다.

심판의 휘슬이 울려 퍼지고 마침내 경기가 시작되었다. 경기는 말레이시아의 선축으로 시작되었다. 말레이시아는 4-4-2전술로 나왔고 베트남은 3-4-3전술로 맞섰다. 경기는 처음부터 팽팽한 접전이었다. 말레이시아는 파상적인 공격을 감행해 왔으나 베트남은 밀리지 않았다. 말레이시아는 한국에게도 강팀이었다. 몇 년 전까지만 해도 아시아의 강팀으로 아시안게임 등에서 자주 만났다.

경기가 시작되자 박항서 감독의 표정은 시시각각 변했다. 그는 경기가 시작되면 누구보다도 열정적으로 선수들을 지휘했다. 이영진 수석코치가 뒤에서 포옹하며 만류할 정도로 필드에서 뛰는 선수들과 똑같이 뛰고 호흡했다. 비록 그의 몸은 그라운드 라인 밖에 있지만 마음은 그라운드 안에 있어서, 12번째 선수나 다름없었다.

그는 지시만 내리고 관전하는 리더가 아니라 구성원과 함께 뛰는 리더다. 박항서 감독은 구성원 개개인의 일거수일투족을 헤아리며 선수들을 열정적으로 지휘했다. 리더가 열심히 뛰면 구성원도 열심히 뛸 수밖에 없다. 그라운드 밖에서 잠시도 가만히 있지 않고 열정을 보이니 선수들이 열심히 뛸 수밖에.

잠시 후 베트남 선수들은 주도권을 잡고 공격했다. 전반전 6분에 베트남이 말레이시아 진영 왼쪽으로 공을 보냈다. 공을 잡은 응우옌 꽝 하이가 중앙 쪽으로 공을 차올렸다. 응우옌 아인 득이 자신을 향해 날아오는 공이 떨어지기도 전에 기다렸다는 듯이 왼발 발리슛을 날렸다. 말레이시아 골키퍼가 재빨리 몸을 날렸으나 공은 더 빠르게 날아가 그물을 흔들었다.

"골인!"

박항서 감독은 목이 터져라 외치면서 환호했다. 그의 특기인 어퍼컷 세리머니를 날렸다.

"만세!"

관중석에서도 일제히 함성이 터졌다.

"와아아!"

거리에서 베트남 선수들을 응원하는 국민들이 벌떡 일어나 환호했다. 미딘 국립경기장에서 경기를 관전하던 푹 총리의 얼굴에도 함박웃음이 터졌다. 그는 벌떡 일어나 베트남의 고위 관리들과 하이파이브를 하면서 기뻐했다.

함성은 한국의 아파트단지에서도 터져 나왔다. 이날 경기를 SBS가 주말드라마까지 결방하고 중계방송했기 때문이다. 참고로 이 경기의 시청률은 SBS 스포츠 채널까지 합치면 22%가 넘을 정도로 화제가 되었다.

"침착해! 흥분하지 마! 집중해!"

하지만 박항서 감독은 선수들을 진정시키기 시작했다. 그는 선수들의 움직임에 따라 시시각각 다른 제스처를 보낼 만큼 열정적이지만 일희일비(一喜一悲)하지 않는 리더이기 때문이다. 특정조직을 관리하는 리더라면 중요한 순간마다 자신의 감정을 통제해야 한다. 리더가 자신의 기분을 여과 없이 내비치면 조직 전체가 동요하게 된다. 왜냐하면 구성원의 모든 눈과 귀가 리더를 향하기 때문이다.

박항서 감독은 득점하거나 실점하는 등 중요한 순간에서 일희(一喜)도 일비(一悲)도 하지 않는다. 골을 넣으면 기쁨에 겨워 어퍼컷 세리머니를 날리기는 하지만 이내 선수들을 진정시킨다. 두 손의 손바닥을 천천히 아래쪽으로 향하고, 감정을 통제하고 경기에 집중하라고 신호를 보낸다. 또 반대로 실점하면 본능적으로 아쉬운 표정을 짓기는 하지만 선수들을 다그치지는 않는다. 선수들을 질타하는 대신 자신감을 가지라는 신호를 보낸다.

'골이 너무 일찍 터졌네. 이걸 끝까지 지켜야 하는데…….'

박항서 감독은 걱정이 되었다. 골이 전반전 6분에 터졌기 때문에 자그마치 84분을 버텨야 하기 때문이다. 물론 베트남이 골을 더 넣으면 안정권에 들 수 있다. 그러나 말레이시아는 만만치 않았다.

베트남은 몇 번의 위기를 골키퍼 당 반 람의 선방으로 넘기면서 전반전을 마쳤다.

"모두 잘했다. 이제 45분 남았다. 온 국민이 우리를 지켜보고 있다. 집중해서 최선을 다해라."

후반전을 앞둔 박항서 감독은 끝까지 긴장을 늦추지 않았다. 선수들에게 주의사항 등을 포함한 작전을 지시했다. 그리고 선수들에게 자신감도 불어넣어주었다.

이내 후반전이 시작되고 말레이시아의 파상적인 공격을 두터운 수비벽을 형성하며 막아냈다. 선수들은 지쳤지만 포기하지 않고 맹렬하게 뛰었다. 관중석에서는 베트남 국민들이 열화 같은 응원을 보내고 있었다.

경기 내내 박항서 감독은 라인을 따라 뛰면서 선수들에게 소리를 지르고, 선수들 뒤에 자신이 있다는 사실을 알렸다. 시간은 점점 흘러 종료시간이 임박해졌다.

'이제 우리가 승리한다.'

이영진 수석코치는 베트남이 반드시 승리할 것이라고 확신했다. 승리를 위한 전략을 이미 준비했기 때문이다. 1점을 리드하고 있을 때의 전략, 무승부를 이루고 있을 때의 전략, 패배하고 있을 때까지의 전략을 모두 세워놓았다.

시간이 흐를수록 승리에 대한 확신이 점점 커져만 갔다. 관중뿐만 아니라 코치들도 승리가 가까워졌다고 생각했다. 그러나 박항서 감독은 홀로 이리 뛰고 저리 뛰었다. 그는 최후의 순간까지 긴장의 끈을 놓지 않고 있었다.

베트남이 리드한 채로 마침내 종료 휘슬이 울렸다.

"와아!"

경기장의 관중이 일제히 두 손을 들고 환호했다. 코칭스태프가 박항서 감독을 포옹하면서 축하인사를 나누었다.

베트남은 말레이시아를 1 대 0으로 격파하고 스즈키컵 우승컵을 거머쥐었다. 베트남 선수들은 박항서 감독을 헹가래 치면서 승리를 만끽했다. 베트남의 스즈키컵 우승은 10년 만에 이루어낸 쾌거였다. 베트남이 우승을 하자 눈물을 흘리는 국민들도 있었다. 푹 총리는 경기장에 내려와 박항서 감독과 선수들을 축하했다.

'우리가 우승했구나.'

박항서 감독은 그제야 승리했다는 사실을 실감했다. 베트남은 완전히 축제 분위기였다. 관중들의 함성이 그치지 않았고, 거리는 오토바이와 붉은 물결로 뒤덮였다.

"감독님!"

선수들이 박항서 감독에게 다가왔다.

"모두 수고했어."

박항서 감독은 선수들을 일일이 포옹해 주었다. 지나간 일들이 주마등처럼 머릿속을 스치고 지나갔다.

박항서 감독은 2017년 9월 29일에 하노이의 노이바이 공항에 나타났다. 당시에 공항에는 베트남 축구인들과 언론사 기자들이 몰려와 있었다.

"나는 내가 가지고 있는 축구에 대한 지식과 노하우를 다해 베트남 대표팀을 아시아 정상권에 올려놓겠다. 피파 랭킹 100위 안으로 끌어올리는 것이 목표다."

그는 베트남 기자들에게 선언했다. 그러나 베트남 언론은 시큰둥했다. 그들은 박항서 감독을 한국의 3부 리그 감독이라고 혹평했고, 왜 유럽의 유명한 감독을 데려오지 않느냐면서 투덜댔다.

하지만 그는 공약만 남발하는 정치인들이나 직원들에게 약속한 인센티브를 보상하지 않는 사장들과는 다르다. 리더는 책임지지 못할 말을 남겨서는 안 된다. 그는 베트남 기자들에게 자신의 목표를 말하기 전부터 이미 생각해 놓은 것이 있었다.

그는 우선 코칭스태프부터 잘 꾸려야 한다고 생각했다. 기자회견을 마친 박항서 감독은 베트남 축구협회 회장과 기술감독위원회 위원장 등을 만나서 이야기를 나눈 뒤에 한국인을 수석코치로 부르겠다고 말했다. 베트남 축구협회가 수락하자 한국으로 돌아와 이영진 수석코치를 만났다. 박항서 감독이 수석코치 자리를 제안하자 그는 두말없이 수락했다. 그들은 베트남행 비행기에 올랐고 10월 11일에 베트남 축구대표팀의 감독과 코치로 함께 부임했다.

그리고 불과 3개월 만인 2018년 1월에 2018 U-23 아시안컵에서 준우승을 하고, 몇 달 뒤에는 아시안게임 4강 기적을 이루었다. 또 12월 15일에 스즈키컵 우승을 이뤄내고, 피파 랭킹도 100위 안으로 끌어올렸다. 모두가 의심했던 목표를 이룬 것이다.

베트남 국민들은 베트남 축구대표팀이 잇달아 승리하자 '박항서 매직'이라고 불렀다. 베트남에서 박항서 열풍이 불게 된 것이다. 베트남이 우승한 것은 당연히 박항서 감독의 리더십 때문이라고 생각하며 '파파 리더십'이라는 말이 탄생하게 되었고, 선수들은 그를 감독이라고 부르는 대신 '박항서 선생님'이라고 불렀다. 감독님이 아니라 선생님이라니! 세계 어느 나라 축구팀에서도 찾아보기 어려운 존경심이 담긴 호칭인 것이다.

이웃집 아저씨처럼 평범하지만 비범한 리더가 된 비결

박항서 감독의 외모는 지극히 평범하다. 키는 작고 머리숱은 적으며 우리 주위에서 흔히 볼 수 있는 전형적인 이웃집 아저씨 같은 모습이다. 그런데 평범해 보이는 아저씨가 사람들에게 사랑받는 비범한 리더가 되었다.

박항서 감독 덕분에 베트남 사람들은 한국까지 사랑하게 되었다. 박항서 감독은 베트남 언론과의 인터뷰에서 "나를 사랑하는 것만치 한국도 사랑해 달라"고 말한 바 있다.

박항서 감독은 베트남뿐만 아니라 한국에서도 영웅이 되었다. 지금 우리나라에서는 정치가 혼란하고 경제는 불황의 터널 속에 갇혀 많은 사람들이 고통스러워하고 있다. 이런 상황에서 박항서 감독이 이루어내는 기적은 우리에게 희망의 불씨가 되고 있다.

박항서 감독은 희망의 아이콘이다. 그는 2002년 월드컵 당시에 수석코치를 맡아 4강 신화를 이루기는 했지만 히딩크 감독의 그늘에 가려 그의 이름은 알려지지 않았다. 월드컵 직후에 아시안게임을 치렀는데, 그는 대표팀의 감독을 맡았다. 하지만 당연히 우승할 줄 알았던 한국 대표팀은 동메달에 그쳐 국민들은 실망했다. 결국 언론의 질타를 받아 대표팀 감독에서 물러나야 했다.

이후 프로리그 감독, 아마추어팀 감독을 맡는 등 점점 하향곡선을 그리다가 60세가 넘어서야 베트남 국가대표팀 감독을 맡았다. 한국의 프로리그에서는 지도자로서 은퇴할 나이에 베트남 국가대표팀 감독을 맡았고, 외국인 감독의 무덤이라는 말을 들을 정도로 극심한 부진에 빠져 있던 베트남 국가대표팀을 이끌고 스즈키컵 우승이라는 금자탑을 쌓아올린 것이다.

지금 회사도 가정도 어렵다고 절망할 것이 아니라 우리도 박항서 감독처럼 기적의 주인공이 되어본다면 어떨까? 그의 인생 그래프는 하향곡선을 그렸지만 남들이 늦었다고 하는 60세 이후에도 상승곡선을 그렸다. 그렇다면 그는 어떻게 재기에 성공할 수 있었을까? 앞에서 우리는 스즈키컵 우승이 우연이 아니라 준비된 것이라고 알아보았는데, 박항서 감독은 결승전 승리를 위해 탁월한 용병술을 준비했다.

스즈키컵 결승전은 홈 앤 어웨이 방식으로 열렸는데 말레이시아에서 1차전이 열렸다. 8만 관중이 운집한 적진에서도 그는 목표로 했던 무승부를 이루었다. 그는 1차전 경기에서 평소에 교체멤버로 투입했던 하 득 찐과 응우옌 후이 훙을 선발로 내보내 축구 전문가들을 어리둥절하게 만들었다. 그러나 그것은 주전들의 체력을 아끼기 위한 전략이었다.

박항서 감독은 말레이시아 원정경기에서 최소한 비긴 뒤에 베트남에서의 홈경기에서 승리하는 전략을 세웠다. 그의 예상대

로 베트남은 1차전에서 2 대 2로 무승부를 기록해 홈경기에서
승부를 가리게 되었다.

2018년 12월 15일, 박항서 감독은 2차전에서 1 대 0으로 승리
를 거두어 베트남을 축제 분위기로 만들었고, 한국에서도 그의
파파 리더십이 화제가 되었다. 그렇다면 파파 리더십은 무엇이
다르고, 그것을 기르기 위해서는 어떻게 해야 할까? 이제부터 그
궁금증을 풀어보기로 하자.

제2부

동서고금의 리더와 파파 리더십

박항서 감독은 아시아의 변방에 있던 베트남 축구대표팀을 아시아에서 주목받는 팀으로 만들었다. 그가 하노이의 노이바이 공항에 처음 도착했을 때 기자들과 한 약속을 지킨 것이다. 그의 리더십은 위기에 빠진 베트남 축구를 구했고, 베트남 축구 역사를 새로 썼다.

리더십은 작은 조직이나 단체부터 세계적인 기업과 국가에 이르기까지 발휘된다. 박항서 감독의 파파 리더십은 베트남 축구대표팀 선수들뿐만 아니라 베트남 국민들의 마음까지 하나로 통일했고, 베트남과 한국의 우호관계까지 돈독하게 했다.

리더십은 때때로 한 나라의 역사를 바꾸고 세계의 역사를 바꾼다. 잘못된 리더십은 세상을 지옥으로 만들고 역사를 퇴보시킨다. 히틀러의 광기는 유럽을 전쟁터로 몰아넣었고, 일본의 군국주의는 동아시아를 폐허로 만들었다. 세계를 바꾼 리더십을 살펴 역사가 잘못 흘러가지 않게 하는 것이 우리의 책임이다.

새가 울지 않으면 울 때까지 기다려야

어느 사회에서나 지도자의 역할은 중요하다. 지도자가 잘못된 길을 선택하고 사사로운 이익을 취하면 그 사회는 고통스러워진다. 일본의 리더십을 이야기할 때 흔히 거론되는 역사 인물은 오다 노부나가, 도요토미 히데요시, 도쿠가와 이에야스다. 오다 노부나가는 "울지 않는 새는 죽여라"고 했으며, 도요토미 히데요시는 "울지 않는 새는 억지로 울게 하라"고 했다. 도쿠가와 이에야스는 "새가 울 때까지 기다려야 한다"고 했다. 오다 노부나가와 도요토미 히데요시는 권력을 잡은 지 얼마 안 되어 멸망했고, 도쿠가와 이에야스는 막부(幕府)를 설치해 265년 동안 일본을 다스렸다.

도쿠가와 이에야스의 리더십은 기다림이다. 그래서 그를 일본에서는 지장(智將) 또는 덕장(德將)이라고 부른다. 그런데 한국의 아버지들 중에는 자식에게 엄격한 나머지 기다려줄 줄 모르는 이들이 많은 듯하다. 영조 역시 그런 아버지였다.

일각에서는 영조의 아들인 사도세자가 죽음을 맞게 된 것은 개혁에 반대하는 노론의 음모 때문이라고 주장하지만 사실과 다르다. 사도세자는 영조의 단 하나뿐인 아들이었다. 영조는 사도세자의 교육을 어느 임금보다 엄격하게 했다. 어릴 때 생모 이씨와 떨어져 지내게 하면서 오로지 성군을 만들기 위해 학문을 가르쳤다. 학문을 게을리 하면 가차 없이 호통을 쳤다.

어린 소년인 사도세자에게 영조는 자애로운 아버지가 아니라 호통 치는 무서운 아버지였다. 그는 영조가 너무나 무서워 항상 벌벌 떨었다. 아버지의 눈을 피하려 했고 만나는 것을 두려워했다. 그럴수록 영조의 질책은 더욱 사나워졌다. 영조의 총애를 받던 문 상궁의 모함도 계속되었다. 사도세자는 혜경궁 홍씨와 혼례를 올리고 세손인 정조까지 낳았으나 영조의 호통에 주눅이 들었다.

어느 날, 창덕궁 저승전(儲承殿)의 행랑에서 화재가 발생했다. 그런데 사도세자가 불을 질렀다는 소문이 대궐에 파다하게 퍼졌다. 영조는 대신들 앞에 사도세자를 불러 사납게 책망했다.

"네가 불한당이냐? 불은 왜 지르느냐?"

영조의 책망을 받은 사도세자는 가슴이 답답해 청심환을 먹고 저승전 앞뜰의 우물로 뛰어들어 자진하려 했다. 영조는 세자의 그와 같은 행동에 대노했다. 영조가 사도세자를 엄격하게 대할수록 상황은 점점 안 좋아졌다. 사도세자는 갑자기 기분이 좋아지거나 우울하고는 했다. 그는 우울하게 지낼 때는 서연(書筵, 왕세자가 경서를 강론하던 자리)을 폐지하고 정사를 돌보지 않았다. 하루 종일 우두커니 누워 있거나 공연히 슬퍼했다. 기분이 좋을 때는 거리에서 시정잡배들과 어울렸다. 『조선왕조실록』에 의하면 사도세자는 이런 증세로 사망하기 1년 전까지 거의 매일같이 약방의 진찰을 받았다.

다행히 사도세자는 술을 가까이하지 않았다. 그러나 그가 술을 마시고 행패를 부린다는 소문이 궁중에 파다하게 나돌았다. 영조가 사도세자에게 과음을 하느냐고 묻자 사도세자는 망설이다가 그렇다고 대답했다. 사도세자는 술을 마시지 않으면서도 자신을 탓하고 영조에게 과음했다고 아뢰었다.

"술을 마시지 않았으면서 마셨다고 아뢰는 것은 성실하지 못한 일입니다."

대신들이 사도세자에게 말했다.

"지극히 인자하시고 현명하신 성상께서 그 사실여부를 스스로 판단하실 터인데, 내가 어떻게 감히 내 입으로 변명을 하겠는가."

사도세자가 쓸쓸하게 말했다. 이 대목에서 영조에 대한 사도세자의 불만과 서운함이 엿보인다.

어느 날, 사도세자가 평양에 다녀오는 일이 발생했다. 사도세자는 반성문을 써서 올렸으나 영조는 대노해 책상을 두드리면서 사도세자에게 전위(傳位, 임금의 자리를 후계자에게 물려주는 것)를 하겠다고 호통을 쳤다. 사도세자와 대신들은 깜짝 놀라서 왕명을 거두어달라고 청했다. 영조의 전위 파동은 몇 번이나 계속되어 정국을 초긴장 상태로 만들었다.

"어서 전위 교지를 쓰라."

영조가 승지를 재촉했다. 승지가 붓을 던지고 죽어도 감히 못 쓰겠다고 아뢰었다. 영조는 펄펄 뛰었다. 대신들이 영조에게 거듭 노기를 풀고 일어나 좌정할 것을 아뢰었다.

영조는 펄펄 뛰다가 마지못해 편전으로 들어가 좌정하고 여러 신하들에게 들어오라고 명을 내렸다. 그러고 나서 사도세자에게 입시(入侍, 대궐에 들어와 임금을 뵙는 것)하라고 했다. 사도세자가 눈물을 비 오듯이 흘리면서 영조 앞에 고개를 숙이고 엎드렸다.

"네가 이미 추회막급(追悔莫及, 지난 일을 뉘우쳐도 소용이 없음)하다고 일렀는데, 그 뉘우치는 내용을 말하지 않으니, 남의 이목만 가린 것에 불과하다. 네가 진실로 과오를 반성하였느냐?"

영조는 책상을 마구 두드리면서 고성으로 사도세자를 질책했다. 대신들이 깜짝 놀랄 정도로 큰 목소리였다. 사도세자는 땅에 꿇어 엎드려 울음을 터트렸다.

"전하, 자식을 가르치는 데는 귀천에 차이가 없으므로 시험 삼아 민간의 일을 가지고 말씀드리겠습니다. 부형이 만일 지나 치게 엄격하면 자식이 두려워하고 위축되어 말을 못 하고, 받 들어 모시는 사이에 저절로 잘 맞지 않고 어긋남을 면치 못하 며, 심지어 그것이 질병으로 발전되기까지 합니다. 지금 전하께 서는 지나치게 엄격하시기 때문에 동궁이 늘 두려움과 위축된 마음을 품고 있으니, 전하를 뵐 때 머뭇거림을 면치 못합니다. 삼가 바라건대, 지금부터는 심기가 화평하도록 힘쓰시고, 만일 지나친 잘못이 있으면 조용히 훈계하여 점점 젖어들도록 이끌 어주신다면, 하루이틀 사이에 자연히 나아져가는 효험이 있을 것입니다."

판부사 유척기가 공손히 아뢰었다. 오죽했으면 신하가 나서서 사도세자 편을 들겠는가. 영조가 얼마나 무서운 임금이었는지 를 알 수 있는 대목이다.

"동궁께서 평상시에도 입시하라는 명령만 들으면 두려워서 벌벌 떨며 비록 쉽게 알고 있는 일이라도 즉시 대답하지 못하였 던 것은 대개 군부(君父)에게 기뻐함을 얻지 못하였고 너무 엄격한 데에 연유하여 그러한 것입니다."

세자의 장인인 홍봉한이 아뢰었다. 대신들이 줄줄이 노여움을 풀어달라고 영조에게 아뢰자 비로소 영조가 사도세자에게 물러가라고 영을 내렸다. 사도세자는 뜰로 내려가다가 정신을 잃고 쿵 하고 쓰러졌다.

"저하."

대신들이 깜짝 놀라 사도세자에게 달려갔다. 유척기가 급히 의관을 불러 진맥하도록 청했다. 영조가 내다보고 혀를 차다가 의원을 부르라는 영을 내렸다. 의원이 황급히 달려와 사도세자를 진맥했다. 사도세자는 엄청난 충격을 받아 맥도(脈度)가 통하지 않아 약을 넘기지 못했다.

"저하, 정신이 드시옵니까?"

의원들이 청심환을 복용시키자 한참 있다가 비로소 말을 할 수 있게 되었다.

"그렇다."

사도세자가 기운 없는 목소리로 대답했다. 영조는 사도세자가 혼절했다는 말을 듣고 진노를 풀고 전위하겠다는 영을 거두었다.

사도세자는 병이 더욱 심해져 자신의 후궁인 빙애까지 죽였다. 영조가 이런 사도세자에게 마구 호통을 쳤다.

"네 어찌 이런 짓을 저지르느냐?"

영조가 추궁했다.

"신에게 본래 있었던 화증(火症) 때문입니다."

사도세자가 울음을 터트렸다.

"차라리 발광(發狂)을 하는 것이 낫지 않겠는가? 물러가라!"

사도세자는 정신병이 더욱 심해져 궁녀와 내시들을 마구 죽이고, 영조는 마침내 뒤주에 가두어 죽이는 처분을 내린다. 사도세자는 뒤주에 갇혀 있다가 8일 만에 죽는다.

이것이 조선왕조에서 가장 비극적인 사건, 아버지가 아들을 죽인 사건이다. 영조는 사도세자가 죽은 그날 비통해하면서 장헌세자에 책봉하고, 그를 죽이지 않을 수 없었던 이야기를 비망기로 남겨 금등에 보관했다.

사도세자가 개혁주의자고 노론이 이를 반대해 죽였다는 설이 있는데, 실제로는 엄격한 아버지에 의해 죽은 것이다. 아버지는 자식에게 지나치게 가혹해서는 안 된다. 특히 감수성이 예민한 시기에는 정신적으로 악영향을 끼친다.

영조는 하나밖에 없는 아들을 엄격하게 대하는 대신 성장할 때까지 기다려주어야 했다. 만약 영조가 기다려주는 아버지였다면 사도세자의 비극적인 죽음은 일어나지 않았을 것이고, 조선의 역사도 바뀌었을 것이다.

사람이 성장하고 발전하는 데 걸리는 시간은 저마다 다르다. 아버지라면 자신의 기대치보다 더디더라도 자녀들이 바르게 성장할 때까지 기다려야 한다. 리더라면 직원들이 역량을 발휘할 때까지 기다려야 한다. '새가 울지 않으면 울 때까지 기다려야 한다'는 도쿠가와 이에야스의 말을 우리는 가슴 깊이 새겨야 한다.

좋은 리더가 되기 위해서는 기다릴 줄 알아야 한다. 박항서 감독은 선수들에게 엄격하고 무서운 아버지가 아니라 선수들을 믿고 기다려주는 아버지다. 그는 말이 통하지 않는 베트남 선수들과 스킨십으로 소통하면서 따뜻한 아버지로 다가갔다. 그리고 동아시아에서도 인정받지 못하던 실력으로 주눅 들었던 선수들에게 자신감을 심어주었다. 또 선수 개개인의 실력이 향상될 때까지 다그치는 대신 기다려주었다. 그 결과 선수 개개인의 실력이 놀랍도록 향상될 수 있었다.

박항서 감독처럼 파파 리더십을 갖추고 싶다면 첫 번째로 기다림이 필요하다. 예를 들어 택시 회사의 CEO가 인건비를 줄이기 위해 대당 1억 원을 들여 무인택시를 도입했다고 치자. 무인

택시를 구입한 초기비용이 많이 든 만큼 손익분기점을 넘기려면 기다림이 필요하다. 리더라면 바로 이 시간을 견딜 줄 알아야 한다.

조윤제의 『천 년의 내공』을 살펴보기로 하자.

"삶에서 이루고 싶은 일이 있다면 묵묵히 칼을 가는 시간이 있어야 한다. 고기를 다듬는 작은 일에 오래도록 칼을 갈 필요는 없다. 하지만 원대한 꿈을 이루기 위해서는 그 꿈에 부끄럽지 않을 만큼 오랜 시간 담금질을 감내해야 한다. 그렇게 축적한 시간의 결을 일컬어 '내공'이라고 한다."

그렇다. 이루고자 하는 것이 있다면 기다릴 줄 알아야 한다.

날마다 성장하는 조직을 만드는 '덕'

리더십이 뛰어난 지도자가 있는 국가는 발전하고 리더십이 없는 지도자가 있는 나라는 망한다. 고대부터 현재까지 많은 국가들이 흥망성쇠를 되풀이하고 여러 왕조가 부침을 거듭했다. 수백 년 동안 이어온 왕조가 있는가 하면 서기전 221년에 건국해 서기전 206년에 멸망한 진나라처럼 짧은 역사를 가진 나라도 있다. 세계를 정복한 몽골제국도 칭기즈 칸이 죽자 여러 나라로 분리되었다가 결국은 역사 속으로 사라졌다.

　동양에서 가장 훌륭하다고 평가받는 왕은 집권기간 내내 태평성대를 이룬 요순 임금이다. 요 임금은 천자의 지위에 있으면서도 쓰러져가는 움막에서 살았다. 음식은 백성들과 같이 거친 쌀과 푸성귀만을 먹고, 여름에는 누더기 같은 옷을 걸쳤다. 겨울에는 사슴 가죽 한 장을 입고 지냈다. 의복이 해어져 너덜너덜해질 때까지 결코 새 옷으로 갈아입지 않았다.

　백성들은 요 임금 대하기를 하늘의 일월(日月)처럼 대하고, 그를 우러러보기를 파종한 씨앗이 단비를 기다리는 것처럼 했다. 요 임금은 교만하지 않았으며 천한 사람을 업신여기지 않았다. 백성들 중에 단 한 사람이라도 굶주리는 사람이 있으면 자신도 굶었고, 죄를 범한 백성이 있으면 자신의 탓이라고 괴로워했다.

　요 임금이 이처럼 검소하고 근면하여 나라를 덕으로 다스리자 중국은 태평성대가 계속되었다. 백성들은 「격양가(擊壤歌)」를 부르며 즐거워했다. 강구연월(康衢煙月), 곳곳에서 요 임금의 덕을 칭송하고 태평성대를 노래하는 소리가 그치지 않았다.

　　해 뜨면 들에 나가 일을 하고

해가 지면 집에 돌아와 쉰다.
우물을 파서 물을 마시고
밭을 갈아 곡식을 먹으니
내가 살아가는 데 임금의 힘이
무슨 필요가 있으리.

「격양가」는 '세상이 태평하니 임금이 있으나 마나'라고 말한다. 요 임금의 시대가 얼마나 평화롭고 풍요로운지를 알 수 있다.

우리 모두 먹을 것이 가득하여
배를 두드리며 잘살고 있네.

요 임금의 덕치(德治)는 '함포고복(含哺鼓腹)'이라는 고사성어까지 유래시켰다. '함포고복'은 '먹을 것이 가득하여 배를 두드리고 산다'는 뜻이다. 요 임금은 나이가 들자 천자의 자리를 아들에게 계승하지 않고 덕이 있는 사람을 찾기 시작했다. 후계자를 찾는 요 임금에게 순이라는 사람이 효에 바르고 지극히 어질다는 소문이 들려왔다.

순은 기주에서 태어나 역산에서 농사를 짓고, 뇌택에서는 물고기를 잡았으며, 하빈에서는 질그릇을 굽고, 부하에서는 장사를 하여 크게 이익을 얻었다. 그가 역산에서 농사를 지을 때는 사람들이 좋은 땅을 서로 양보했고, 뇌택에서 물고기를 잡을 때는 좋은 자리를 서로 알려주었다. 하빈에서 질그릇을 구우면 깨어지거나 못 쓰게 되는 것이 하나도 없었다.

요 임금이 순을 불러놓고 이야기를 나누어보니 과연 효와 덕이 출중해 성인(聖人)이라 할 수 있었다. 요 임금은 순을 시험하기 위해 두 딸인 아황과 여영을 시집보내 집에서의 행실을 살피게 했다.

순은 두 아내를 잘 거느리고 화목하게 살아 주위의 칭송을 한 몸에 받았다. 그가 머무는 마을은 1년이 지나면 촌락을 이루고, 2년이 지나면 읍(邑)을 이루고, 3년이 지나면 도회(都會)가 되었다. 백성들이 효와 덕이 출중한 순을 본받기 위해 구름같이 몰려든 까닭이었다. 천자의 딸들인 아황과 여영도 부도(婦道)를 다해 순을 받드니 집안이 언제나 화목했다.

순은 30세에 등용되었고, 50세에 섭정(攝政)이 되었으며, 61세 때에 제위에 올랐다. 순은 제위에 오르자 치수 사업에 더욱 열정을 기울였다. 순은 곤의 아들 우를 임명해 치수를 맡게 했다. 우는 뛰어난 지혜와 뼈를 깎는 듯한 노력으로 마침내 치수에 성공했다.

순은 4년마다 제후국들을 순행하며 백성들의 삶을 살폈다. 그는 백성들의 삶을 살피러 남쪽 지방으로 순행을 나갔다가 창오에서 병을 얻어 죽었다.

봉건시대의 여러 왕들은 요순을 본받아 덕으로 세상을 다스려 태평성대를 이루려 했다. 덕치주의(德治主義), 지도자라면 덕을 갖추어야 한다는 사상이 널리 퍼진 것이다.

그런데 최근에 스포츠계에서 벌어진 사건들을 보면 지도자로서 갖춰야 할 덕이 실종된 것 같아 아쉽기만 하다. 스포츠 지도자들이 권위를 내세워 선수를 폭행 또는 성폭행하는 일들이 백일하에 드러났는데, 이러한 일들이 또다시 일어나지 않기 위해서는 지도자로서 덕부터 갖춰야 한다.

우리나라 스포츠가 선진국처럼 발전하기 위해서는 훈련 방식부터 근본적으로 바꿔야 한다. 그렇지 않은 사람도 분명 있기는 하지만 상당수의 지도자들이 오로지 이기기 위해 선수에게 스파르타식 훈련을 강요한다. 그들은 선수 시절부터 학업보다는 운동에만 전념한 나머지 인성에 대해서는 교육받지 않았고, 오로지 운동으로만 실력을 인정받다가 지도자가 되었다. 물론 인성교육을 따로 안 받았어도 천성이 착한 지도자들이 있기는 하지만 운동선수들의 훈련 방식부터 근본적으로 바꾸면 어떨까 싶다. 운동을 하면서도 기본적인 학업과 인성교육을 병행할 수 있도록 한다면 덕을 갖춘 스포츠 지도자들이 늘어날 듯싶다.

자, 이제 박항서 감독을 생각해 보자. 박항서 감독은 덕을 갖춘 리더다. 그는 선수들 위에 군림하는 리더가 아니라 선수들을 덕으로 대하는 리더다. 구성원들과 함께하려면 우선 그들을 존중하는 마음부터 가져야 할 것이다. 박항서 감독은 처음 감독으로 부임했을 때부터 베트남 문화를 존중할 것이라고 말했다. 그는 베트남의 전통과 문화를 베트남 선수들 못지않게 사랑한다. 경기 전에 베트남 국가가 나오면 베트남 선수들과 함께 나란히 서서 손을 가슴에 얹고 최대한의 경의를 표한다. 경기 중에는 양복을 입지 않고 운동복 차림으로 작전을 지휘하거나 선수들을 격려하며 함께 소통한다.

이처럼 덕을 갖춘 지도자가 있으니 지금 베트남 축구대표팀은 요 임금과 순 임금이 살았던 요순시대처럼 태평성대를 맞고 있는 것이다. 덕, 그것은 바로 파파 리더십의 두 번째 특징이다.

부드럽지만 강한 카리스마를 일으키는 '정'

20세기가 되면서 국가의 지도자들은 선거로 선출되었다. 선거에서 당선하려면 국민에게 인기를 얻어야 한다. 그래서 선동과 여론조작을 시도했다. 이에 휘둘린 국민은 때때로 히틀러 등 독재자를 지지하기도 했다. 박정희의 유신헌법은 1972년에 92%의 지지율을 얻었고, 1975년 재신임 때는 73%의 지지율을 얻었다.

영향력 있는 지도자에게는 카리스마가 있다. 카리스마(charisma)는 그리스어 카리스마(kharisma)에서 유래된 말로 '신의 특별한 은총'이라는 뜻을 갖고 있다. 카리스마는 조직의 구성원을 따르게 하는 힘이다.

리더십 코칭 전문가인 올리비아 폭스 카반은 카리스마를 '힘'과 '정'이라고 정의했다. 그렇다. 파파 리더십의 세 번째 특성은 바로 '정'이다. 박항서 감독은 축구 지도자로서 따뜻한 정을 가지고 있는 인물이다. 부상당한 선수에게 자신의 비즈니스석을 양보하거나 숙소에서 선수들의 발을 직접 마시지해 주는 모습에서 아버지의 정을 엿볼 수 있기 때문이다.

삼강오륜(三綱五倫)에는 부자유친(父子有親)이 있다. '부모는 자식에게 인자해야 하고 자식은 부모에게 섬김을 다해야 한다'는 뜻이다. 한자를 그대로 해석하면 '부모와 자식에게는 친함이 있어야 한다'는 것이다. 이는 부모 자식 간에만 적용되는 것이 아니라 모든 조직에 적용될 수 있다. 기업가와 노동자 사이에도 친함이 있어야 하고, 스포츠 지도자와 선수 사이에도 친함이 있어야 한다. 정은 서로 친해져야 비로소 싹트게 된다.

중국 역사를 통해 리더에게 정이 얼마나 중요한지 알아보기로 하자. 진시황이 죽고 얼마 안 되어 전국에서 반란이 일어났다. 오중 지역에서는 항우가, 패현 지역에서는 유방이 반란을 일으켰다.

항우와 유방은 처음에는 초나라 희왕을 옹립하기 위해 힘을 합쳐 진나라 군대와 싸웠다. 하지만 희왕이 "제일 먼저 함곡관에 들어가 관중을 함락시키는 자를 관중의 왕으로 삼겠다"고 하자 관중 지역을 먼저 차지하려고 서로 경쟁했다.

서기전 206년, 유방이 항우보다 먼저 함양 동남쪽 파상에 도착해 진나라 군대를 항복시켰다. 유방은 진나라 도읍지인 함양으로 진격해 승리를 만끽하는 대신 파상으로 회군했다.

반면에 항우는 함양으로 진격해 나이 어린 왕자 자영을 죽이고, 아방궁을 불태웠으며, 시황제의 무덤까지 파헤치고, 유방이 창고에 쌓아둔 재물을 차지했으며, 미녀들을 옆에 낀 채 흥청망청 지냈다. 이런 그의 모습을 옆에서 지켜보던 범증이 "올바른 제왕의 모습을 찾을 것"을 간곡히 간했으나 그 말을 무시했다. 오히려 재물과 미녀들을 손에 넣고 고향으로 돌아가려 했다.

결국 장량과 한신 등 뛰어난 인재들을 끌어들인 유방이 해하에서 항우를 죽이고 중국을 통일했다. 항우는 힘과 폭정으로 군사를 이끌었으나 유방은 정으로 이끌었다. 유방은 장수들과 부하들을 정으로 이끌었기 때문에 천하를 통일하고 고향으로 금의환향할 수 있었다.

고향인 패현으로 돌아온 유방은 패궁의 뜰아래에 도열한 문무백관과 마을사람들에게 말했다.

"마을의 어르신들이여, 벗들이여, 부녀자들이여, 소년들이여! 패현의 망나니 유방이 황제가 되어 돌아와 절을 올리겠습니다."

유방은 옥좌에서 일어나 두 손을 머리까지 들어 올리고 공손하게 허리를 숙여 마을사람들에게 절을 올렸다. 상하관계가 엄격한 봉건시대에 황제가 백성들에게 절을 올리니, 존경과 신뢰가 당연히 생길 수밖에.

"만세, 황제폐하 만세!"

문무백관과 마을사람들이 일제히 만세를 불렀다.

"패현의 부로(父老, 한 동네에서 나이가 많은 남자 어른을 높여 이르는 말) 여러분, 먼 길을 떠난 나그네는 언제나 고향을 그리워하는 법입니다. 내가 비록 관중에 도읍을 두어 멀리 떨어져 있으나 절대 고향 산천을 잊지 않을 것입니다. 천 년이 지나고 만 년이 지나 먼 훗날이 되어도 나의 혼백은 패현을 그리워할 것입니다. 내가 패공이 된 이후 포악한 군주와 역적을 토벌하고 대한(大漢)을 창업했습니다. 이제 패현을 짐의 영지로 삼아 자자손손 대대로 부세와 노역을 면제하겠습니다. 또한 오늘부터 잔치를 베푸니 마음껏 마시고 즐기십시오."

이렇게 말하니 어찌 정이 들지 않겠는가. 유방은 패궁에서 잔치를 크게 베풀어 부로와 자제들을 위로했다. 그 잔치에는 패현의 모든 사람들이 참석해 술과 음식을 들면서 황제인 유방과 흉금을 털어놓고 정을 나누었다. 유방은 취기가 오르자 축(북)을 두드리면서 노래를 불렀다.

큰바람이 일어나니 구름이 높이 날리고
위엄을 사해에 떨치고 고향에 돌아온다.
어떻게 용맹한 장수를 얻어 태평성대를 이어갈꼬?

한고조 유방이 세운 한나라는 수백 년이 흐르자 환관들의 정치에 의해 멸망했다. 전국에서 민란이 일어났고 결국 조조, 유비, 손권이 천하를 삼분하게 된다. 조조는 힘으로 천하를 다스렸고, 유비는 의리와 정으로 천하를 다스렸다. 손권은 백성들의 민심을 얻어 강동 지역을 잘 다스렸다.

조조가 100만 대군을 동원해 강동을 침략할 때 손권과 유비가 손을 잡고 이를 격파한 적벽대전은 너무나 유명하다. 그리고 적벽대전 못지않게 유명한 일화는 유비와 관우, 장비가 형제의 정을 맺은 도원결의다.

관우는 유비, 장비와 함께 도원결의를 맺은 의형제다. 조조는 관우를 포로로 잡았지만 그의 무예를 흠모해 함부로 대하지 않았다. 적토마를 선사하고 온갖 재물을 선물하면서 관우를 수하로 삼으려 했다. 그러나 어떤 재물이나 벼슬도 관우의 마음을 사로잡지 못했다. 관우에게는 도원결의로 맺은 형제의 정이 무엇보다도 소중했으니까.

유비는 형제의 정으로 관우와 장비라는 맹장을 얻었다. 결국 사람을 얻기 위해서는 무엇보다 정이 필요하다는 것을 알 수 있다.

그런데 최근 우리 사회에서는 기업가의 갑질이 문제가 되고 있다. 대기업의 오너 일가가 직원들을 폭행하고, 밀수를 하여 물의를 일으켰다. 직원들은 오너 일가의 부도덕한 행위를 규탄하기 위해 가면을 쓰고 광화문에서 집회를 열기도 했다. 갑질은 도처에서 벌어지고 있다. 치킨 체인점 회장, 웹하드 회사의 사장, IT업체 대표의 직원 폭행 등이 일어나고 있다.

구성원에게 반감을 사는 갑질보다는 부드럽지만 강한 카리스마를 발휘해야 한다. 그러기 위해서는 구성원들을 정으로 대해야 할 것이다.

베트남 선수들은 박항서 감독을 선생님이라고 부른다. 베트남 선수들이 박항서 감독을 선생님이라고 부르는 것은 깊은 존경심이 있기 때문이다. 그는 베트남 선수들을 아버지의 따뜻한 정으로 이끌면서 강한 전사로 만들었다. '박항서 키즈'라고 불리는 응우옌 꽝 하이는 "선생님이 우리 안에서 자신감을 이끌어내주셨다"고 말했다. 리더에게 정이 얼마나 필요한 덕목인지 알 수 있는 대목이다.

반대의견이 따르더라도 과감한 혁신이 필요해

리더에게는 창의력, 추진력 등도 필요하지만 혁신도 필요하다. 혁신에 대해 말할 때 빼놓을 수 없는 인물 중 한 사람은 잭 웰치다.

잭 웰치는 1981년부터 2001년까지 20년 동안 제너럴 일렉트릭(GE)의 회장으로 활약한 것으로 유명한데, 제너럴 일렉트릭은 1892년에 토머스 에디슨이 설립했다. 제너럴 일렉트릭은 1900년에 산업용 연구소를 설립해 무수한 제품을 생산했다. 제트엔진을 비롯해 산업용 부품, 전기회사에 공급하는 발전설비 등을 생산했다. 이후 80년 동안 이 분야에서 탄탄한 제조업체로 자리매김했다.

그러나 1980년대에 이르러 제너럴 일렉트릭은 방만한 경영을 하여 기업이 위태로워졌다. 1981년에 제너럴 일렉트릭은 40대의 잭 웰치를 회장으로 선출하면서 혁명적인 구조조정에 나섰다.

제너럴 일렉트릭의 회장이 되기 전부터 잭 웰치는 틈만 나면 제너럴 일렉트릭을 어떻게 혁신해야 할지 연구했다. 그는 화학을 전공했지만 경영에 특히 관심을 갖고 있었다.

그는 그룹 내의 세미나에 열심히 참여해 자신의 견해를 피력했다. 그의 경영 제안은 혁신적이었기 때문에 이사회의 관심을 끌면서도 비난을 받는 일이 종종 있었다. 1976년에 제너럴 일렉트릭은 몇 명의 회장 후보를 선출했는데 여기에는 잭 웰치도 포함되었다. 잭 웰치는 자신이 회장이 된다면 어떻게 제너럴 일렉트릭을 이끌어 나가겠다는 종합보고서를 치밀하게 작성했다. 그 보고서는 방대했다.

잭 웰치는 다른 회장 후보들과 함께 대주주와 임원들에게 4년 동안 평가받았다. 잭 웰치는 강력한 리더십도 가지고 있었으나 단점도 있었다. 그러나 제너럴 일렉트릭의 이사회는 20세기의 경영자는 강한 리더십을 갖고 있어야 한다고 판단해, 그를 종업원이 40만 명이나 되는 제너럴 일렉트릭의 총수로 선출했다.

잭 웰치는 회장에 선출되자마자 과감한 경영 혁신을 선포했다. "우리 제너럴 일렉트릭의 제품은 전 세계에서 1등이 아니면 2등이 되어야 한다. 여기에 속하지 않는 계열사는 모두 매각하라."

잭 웰치는 회장에 선출되자마자 과감하게 구조조정을 단행했다. 제너럴 일렉트릭에는 350개의 사업부가 있었다. 사업부가 350개나 되니 경영자가 이름을 외우기도 어려울 정도였다. 매일 하나씩을 파악한다고 해도 350일이나 걸린다. 잭 웰치는 이들 중 불과 12개 사업부만 남기고 나머지는 모두 폐쇄하거나 매각하는 처분을 내렸다. 이러한 혁신에 제너럴 일렉트릭의 직원들과 미국 재계는 경악했다.

1988년에 잭 웰치는 제너럴 일렉트릭의 간판이나 마찬가지인 가정용품사업부를 없앴다. 에디슨이 창업한 이래 100년 동안이나 제너럴 일렉트릭의 상징이었던 가정용품사업부를 폐쇄하자 직원들이 격렬하게 반대했다.

"잭 웰치는 제너럴 일렉트릭의 상징을 없애려고 한다. 가정용품사업부는 이익을 남기는 부서인데 왜 폐쇄하는가?"

하지만 잭 웰치는 흔들리지 않았다.

"20세기 최고의 회사로 도약하려는 제너럴 일렉트릭이 아직도 믹서기나 선풍기를 팔고 있어야 하는가. 제너럴 일렉트릭은 더 큰 사업을 해야 한다."

잭 웰치는 직원들의 반발을 강하게 억누르고 구조조정에 들어갔다. 불필요한 인원을 정리하기 위해 과감하게 정리해고를 했다. 1980년대에 이미 42만 명이나 되었던 직원들이 잭 웰치의 과감한 구조조정으로 27만 명으로 줄었다. 무려 15만 명이나 해고한 것이다. 제너럴 일렉트릭에서 해고된 직원들이 매일같이 본사 앞에서 시위했다. 직장을 잃고 자살하는 사람들도 속출했다.

"살인마 잭 웰치!"

"중성자탄 잭 웰치!"

잭 웰치를 비난하는 여론이 빗발쳤다. 그러나 잭 웰치는 이에 굴하지 않았다. 잭 웰치의 과감한 경영 혁신으로, 1980년대만 해도 자산이 250억 달러였던 제너럴 일렉트릭은 2000년대에 이르러 4,370억 달러에 이르는 거대 그룹이 되었다. 제너럴 일렉트릭은 불과 20년 만에 자산을 17배 이상 늘리고 막대한 이익을 창출한 것이다.

잭 웰치는 '회장은 20년만 근무해야 한다'는 제너럴 일렉트릭의 전통에 따라 2001년에 새 회장에게 회장 자리를 넘겨주고 은퇴했다. 그러나 그의 혁신은 오래도록 인구에 회자되었다.

우리가 사는 세상에서 어제 통하는 방식은 더 이상 통하지 않는다. 세상은 끊임없이 바뀌고, 이러한 세상에서 살아남기 위해서는 혁신해야 한다. 한때 가전제품만 제조하던 삼성전자는 세상의 변화를 읽고 반도체 시장에 일찌감치 진출해 1990년대에 세계 1위 반도체 메모리 제조업체가 되었다. 또 2000년대에는 세계 1위 LCD 패널 제조업체가 되었고, 2010년대에는 세계 1위 스마트폰 판매사가 되었다. 삼성이 이러한 결실을 거둔 것도 혁신 덕분이다.

파파 리더십의 네 번째 특성은 바로 '혁신'이다. 박항서 감독은 베트남 축구대표팀을 변화시키기 위해 혁신했다. 그는 처음 감독이 되었을 때 '베트남의 문화를 최대한 존중하겠지만 나쁜 습관은 반드시 고치겠다'고 다짐했다. 변화를 이루기 위해서는 나쁜 습관을 없애는 것이 중요한데, 이러한 이치를 그는 잘 알고 있었던 것이다.

베트남 선수들은 아침 8시가 훈련시간이면 그 시간이 되어서야 어슬렁거리며 나타나 훈련을 준비했다. 미리 나타나 훈련을 준비하는 선수는 없었다. 박항서 감독은 선수들에게 반드시 시간을 지키라고 지시했다.

"시간을 지키지 않는 것은 동료들을 무시하는 것이고, 예의가 아니다. 시간만큼은 반드시 지켜라!"

베트남 선수들에게는 개인주의 성향이 있었다. 팀워크가 중요한 축구경기에서 개인주의는 바람직하지 않다. 박항서 감독은 선수들이 식사시간에 휴대폰을 사용하는 것도 금지했다. 식사를 하면서 동료들과 이야기를 나누어야 팀워크를 강화할 수 있다고 본 것이다. 경기장에서 눈짓이나 소리로 공을 주고받는 축구선수들에게 팀워크는 절대적으로 필요하다. 그러니 너는 너대로 나는 나대로 식사를 하면서 휴대폰을 만지작거리는 나쁜 습관을 고치기로 한 것이다.

물론 습관은 하루아침에 바꾸기가 어렵다. 그렇다고 나쁜 습관을 개선하지 않으면 안 된다. 혁신을 위해서는 과감한 조치가 필요한데, 박항서 감독은 식사시간에 휴대폰을 사용하면 벌금을 내게 했다. 선수들뿐만 아니라 코칭스태프 모두에게 이 원칙을 적용했고, 자신도 위반하면 벌금을 냈다. 이처럼 리더부터 솔선수범하니 나쁜 습관을 없앨 수 있었다.

또 작지만 놀라운 변화가 일어나기 시작했다. 식사시간에 휴대폰을 사용하지 않게 되면서 선수들 사이에 대화가 늘었다. 축구에 대한 이야기는 물론 가족 이야기, 연예계 이야기도 나누면서 서로 정을 나누게 되었다. 이처럼 경기장 밖에서부터 끈끈한 정이 형성되자 강한 팀워크를 발휘하는 팀으로 거듭나게 되었다.

"우리는 하나다! 우리가 하나라는 것을 증명해라!"

박항서 감독은 강한 팀워크로 베트남 선수들의 고질적인 약점인 체격 조건을 보완했다. 그는 베트남 선수들의 체중을 측정했는데, 뜻밖에도 축구선수들의 기본 체중에 미달하는 저체중의 선수도 있었다. 선수들의 식단을 살피자 식단이 과학적으로 설계되지 않았다. 박항서 감독은 축구협회에 건의해 선수들의 식단을 고단백질 위주로 바꾸고, 체중과 체력 모두를 보완하기 위해 웨이트 트레이닝을 시켰다. 그 결과 점차 문제가 개선되었지만 서양인처럼 건장한 체격을 하루아침에 가질 수는 없었다.

결국 이 문제는 팀워크 덕분에 개선할 수 있었다. 혼자서는 상대팀 스트라이커를 막기 어려울 때, 공격 패스를 받아주는 동료선수가 필요할 때, 경기장에서 적재적소에 서로가 서로를 도와주기 위해서는 팀워크가 필요하다. 베트남 축구대표팀은 팀워크를 향상시킨 덕분에 체격적인 단점을 극복했고, 실력을 혁신할 수 있었다.

듣기 좋은 거짓말보다 진솔한 한마디가 강해

박항서 감독의 인터뷰를 종종 접하다 보면 그는 언변이 뛰어난 달변가는 아닌 것 같다. 그는 여느 동네 아저씨처럼 크지 않은 목소리로 느릿느릿 말하곤 한다. 필드에서 선수들을 지휘할 때에 엿볼 수 있는 강한 이미지와는 사뭇 다르다. 그는 듣는 사람의 귀를 즐겁게 하는 달콤한 말을 내뱉지는 않는다. 그러나 그의 말을 듣다 보면 이웃집 아저씨처럼 소탈하고 꾸밈없는 말이라는 것을 알게 된다.

그의 진솔한 말, 가슴속에서 우러나오는 말이 사람들의 마음을 사로잡는다. 좋은 아버지는 자식에게 말을 꾸미지 않는다. 마음에서 우러나오는 말을 건넨다.

베트남 건국의 아버지 호치민은 진솔한 말로 민중의 마음을 사로잡았다.

"혁명을 하더라도 민중이 가난하고 불행하다면 그것은 혁명이 아니다."

그는 혁명가이기는 했지만 베트남 민중의 삶을 우선했다. 그래서 '민중이 가난하고 불행하다면 그것은 혁명이 아니다'라고 말한 것이다. 베트남 민중은 그의 말을 듣기 좋게 꾸며낸 것이 아니라 진정성이 담긴 말로 받아들였다. 그 역시 여느 베트남 민중과 마찬가지로 고단한 삶을 몸소 살았고, 그런 삶의 경험에서 우러나온 말이라고 느꼈기 때문이다.

호치민은 베트남의 오지에서 태어나 수습요리사 노릇을 하다가 영국 런던과 미국 뉴욕에서 하인과 견습공 등 밑바닥 생활을 했다. 제1차 세계대전이 끝나고 1919년에 파리에 정착해 베트남 독립운동을 이끌었고, 1945년에 제2차 세계대전이 끝나자 베트남 민주공화국의 주석이 되었으나 프랑스와의 전쟁으로 힘든 나날을 보내야 했다. 또 1954년에는 소련과 중국의 간섭으로 17도선을 경계로 남베트남과 북베트남으로 분단되는 비극을 맞아야 했다.

호치민은 남북전쟁(베트남전쟁)을 벌였고, 이 전쟁에 미국과 한국까지 개입하게 되었다. 전력 면에서 약세였지만 호치민은 미국에 굴복하지 않았다. 결국 그가 죽은 지 5년 만에 베트남은 통일되었다.

그는 평생 동안 검소하게 살았고 베트남의 독립을 위해 결혼도 하지 않았다. 베트남 국민들은 베트남을 위하는 호치민의 진정성이 담긴 말들에 끌렸다. 그래서 그는 베트남 독립운동의 아버지, 건국의 아버지로 불리게 되었다.

"나는 온 마음과 힘을 다해 조국과 혁명과 인민을 위해 평생을 바쳤다. 비록 지금 이 세상과 작별해야 하지만 후회는 없다. 다만 더 오래, 더 많이 봉사하지 못하는 것이 유감이다. 내가 죽은 다음에 인민의 시간과 물질을 낭비하지 않기 위해 장례를 성대하게 치르지 마라. 마지막으로 나는 모든 인민들과 공산당, 모든 군인들과 어린이, 청소년들에게 한없는 사랑을 전하고 싶다. 그리고 외국인 동지들과 친구들, 외국의 어린이와 청소년들에게도 사랑의 인사를 하고 싶다. 나의 마지막 소원은 우리나라의 전 공산당과 전 인민들이 단결 분투하여 평화, 통일, 독립, 민주적인 부강한 국가를 세워 세계의 혁명과업에 합당하게 공헌하는 것이다."

호치민의 유언이다. 호치민은 베트남이 통일되는 것을 보지 못하고 죽었지만 그의 진정성이 담긴 유언은 베트남인들의 가슴속에 남아 있다. 그가 진정으로 바라던 것은 독재적인 베트남 공산주의가 아니라 민주적인 부강한 국가였다.

그런데 평소에 박항서 감독이 하는 말들에는 호치민의 말들처럼 진정성 또는 진솔함이 묻어나온다. 박항서 감독은 스즈키컵에서 우승한 뒤에 베트남 정부로부터 10만 달러의 포상금을 받았다. 그러자 그는 다음과 말했다.

"베트남 축구발전과 가난한 사람들을 위해 써 달라."

자신의 이익보다는 국가와 국민을 우선하는 마음이 진솔하게 담긴 박항서 감독의 말에 베트남인들은 감동했다.

박항서 감독이 남긴 이 말은 베트남 국민들의 환심을 사기 위해 한 말이 결코 아니다. 그의 말에 진정성이 담겨 있다는 것을, 국내 방송과의 인터뷰에서 남긴 그의 말을 통해 알 수 있다.

"베트남 국민들에게 분에 넘치는 사랑을 받았으니 돌려드리는 것이 예의다."

이처럼 진정성이 있으니 베트남 국민들이 감동할 수밖에.

파파 리더십의 다섯 번째 특성은 바로 '진정성'이다. 박항서 감독의 진정성은 베트남 축구대표팀과 베트남 국민들의 마음을 사로잡았다. 진정성을 발휘한 덕분에 그는 베트남 건국의 아버지 호치민처럼 존경받는 리더가 될 수 있었다.

끈기 있는 사람이 산을 움직인다

『열자(列子)』「탕문(湯問)」에는 '우공이산(愚公移山)'과 관련된 이야기가 나온다. '우공이산'은 '우직한 사람이 산을 옮긴다'는 뜻으로, '우직하게 한 우물을 파는 사람이 큰 성과를 거두는 것'을 일컫는다.

북산에 우공이라는 아흔 살 된 노인이 살고 있었다. 그런데 노인의 집 앞에는 넓이가 칠백 리, 만 길 높이의 태행산과 왕옥산이 가로막고 있어 생활하는 데 무척 불편했다. 어느 날 노인은 가족들에게 말했다.

"우리 가족이 힘을 합쳐 두 산을 옮겼으면 한다. 그러면 길이 넓어져 다니기에 편리할 것이다."

당연히 가족들은 반대했지만 노인은 자신의 뜻을 굽히지 않았고, 다음 날부터 작업을 시작했다. 우공과 아들 그리고 손자는 지게에 흙을 지고 발해 바다에 갔다가 버리고 돌아왔는데, 꼬박 1년이 걸렸다.

이 모습을 본 이웃 사람이 "이제 곧 죽을 당신인데 어찌 그런 무모한 짓을 합니까?" 하고 비웃자, "내가 죽으면 내 아들, 그가 죽으면 손자가 계속 할 것이오. 그동안 산은 깎여 나가겠지만 더 높아지지는 않을 테니 언젠가는 길이 만들어질 것이오"라고 말했다.

그렇다. 세상을 바꾸는 사람은 끈기 있는 사람이다.

오늘날 우리는 현실이 고달프다고 해서 너무 쉽게 포기하는 것은 아닌가 싶다. 많은 사람들이 평범한 샐러리맨으로 살아가고 있다. 샐러리맨은 일반 기업체의 직원일 수도 있고, 공기업 직원이나 공무원일 수도 있다.

대부분의 사람들은 20세 전후에 대학에 입학해 공부한 뒤에 지독한 취업경쟁을 거쳐 일자리를 얻는다. 일부는 자영업을 하거나 취직을 포기하고 아르바이트를 한다. 아등바등 살더라도 먹고살기가 만만치 않다.

그러나 세상은 변화무쌍하다. 숨 가쁘게 움직이고 변화한다. 철밥통이라고 불리는 공무원이나 공기업의 직원이라고 해도 정권이 바뀌면 도태되는 경우가 종종 있다. 불황에는 문을 닫는 기업도 많다. 4차산업혁명 시대에는 인공지능과 로봇 등 자동화가 확산되어 일자리가 더더욱 줄어들 것이다. 인간이 하던 일을 기계가 대신하면서 상당수의 일자리가 사라질 것이다. 이러한 세상에서 성공하기 위해서는 어떻게 해야 할까?

예나 지금이나 끈기가 있어야 이룰 수 있다. 많은 사람들이 성공한 사람들에게 특별한 노하우가 있거나 비밀이 있을 것으로 생각한다. 그러나 성공의 노하우는 간단하다. 그것은 자기 일에 대한 끈기이다.

부자로 성공한 많은 사람들도 끈기가 있었기 때문에 성공할 수 있었다. 일례로 구한말과 일제강점기 초기에 조선 최고의 갑부로 불린 최봉준은 오로지 끈기 하나로 돈을 벌었다.

최봉준은 함경도에서 태어났다. 최봉준이 태어난 무렵에 조선은 흉년과 관리들의 폭압으로 민란이 자주 발생하고 개화의 물결이 도도하게 밀려오고 있던 격동의 시기였다. 관리들의 무능과 부정부패로 백성들이 도탄에 빠져 신음했다. 전염병이 창궐하고 흉년이 들어 굶어 죽는 백성들이 길거리에 낙엽처럼 뒹굴었다.

1869년에 함경도 일대에 흙비가 내려 낟알 하나 추수할 수 없는 대흉년이 들었다. 수많은 백성들이 죽음의 위험을 무릅쓰고 두만강을 건너 러시아로 갔다. 최봉준의 가족도 러시아로 이주해 황무지를 개척하기 시작했다. 러시아의 얀치혜(크라스키노)에는 이미 1860년경부터 조선인 10가구가 이주해 살고 있었다. 최봉준은 얀치혜 옆의 지신허에서 황무지를 개간하면서 틈틈이 러시아인들의 마을을 찾아다니며 품을 팔았다.

어느 날, 그는 일자리를 구하기 위해 설원을 돌아다니다가 눈보라를 만났다. 눈보라 속에서 길을 잃고 헤매다가 러시아 귀족 야린스키와 만나 별장지기로 일하게 되었다. 야린스키와 그의 가족들은 최봉준을 따뜻하게 대해 주었다. 최봉준은 처음으로 인간다운 사람들을 만나 평온한 나날을 보낼 수 있었다.

최봉준은 귀족인 야린스키를 따라다니면서 광대한 러시아를 여행했고 러시아어도 배웠다. 러시아는 조선과 달리 땅덩어리도 엄청나게 클 뿐만 아니라 문물이 발전해 있었다. 야린스키는 성실한 최봉준에게 많은 것을 가르쳐주었다.

최봉준은 야린스키가 죽자 장사를 시작하기로 했다. 이 무렵에 러시아는 블라디보스토크를 부동항으로 개척하면서 만주 일대에 많은 군대를 배치했다. 러시아가 만주 일대에 군대를 배치하면서 군량으로 많은 소고기와 소가죽이 필요하게 되었다. 최봉준은 조선에서 소를 모아 러시아 군대에 팔기로 결심했다. 그러나 러시아 군대에 군납을 하려면 장교를 알아야 했다.

최봉준은 조선인 이민자에 지나지 않았다. 조선인 이민자를 경멸하는 러시아인들도 많았다. 그러나 그는 포기하지 않고 군납을 담당하는 러시아 장교들을 끊임없이 설득했다. 자신이 생우(生牛)를 싼 값에 납품할 수 있다고 좋은 조건을 제시했다. 러시아 군납 담당 장교들은 마침내 최봉준에게 군납을 허락했다.

최봉준에게 끈기가 없었다면 러시아 군대에 소를 납품하는 일은 결코 이룰 수 없었을 것이다. 성공을 이루기까지는 많은 고난이 따른다. 많은 사람들이 이러한 고난을 극복하지 못하고 중도에 포기한다.

조선 최고의 갑부가 된 최봉준에게도 당연히 고난이 따랐다. 무엇보다 조선에서 러시아로 소를 끌고 가는 것이 쉬운 일이 아니었다. 최봉준은 처음에 10여 마리의 소를 함경도 일대에서 사들여 러시아로 끌고 갔으나 차츰 수를 늘려서 수백 마리의 소떼를 끌고 개마고원을 넘어 두만강을 건넜다. 수백 마리의 소를 끌고 개마고원을 넘고 두만강을 건너 러시아로 이동하는 것은 결코 만만치 않았다. 소를 몰고 가기 위해 조선인들을 고용했으나 말을 잘 듣지 않을 뿐더러 소를 모는 일도 쉬운 일이 아니었다.

그러나 최봉준은 포기하지 않았다.

조선에서 30원에 산 소는 러시아에서 10배로 팔렸다. 게다가 최봉준에게 절호의 기회도 찾아왔다. 조선에서 전염병이 돌아 소의 가격이 10분의 1로 폭락했던 것이다. 최봉준은 폭락한 소들을 싸게 사서 러시아에서 수의사를 데려와 치료한 뒤에 러시아로 수출했다.

최봉준은 10여 년 만에 군납으로 많은 돈을 벌었다. 그는 소뿐만 아니라 콩까지 수출했는데, 육로로 수출하는 것에 한계를 느끼고 3천 톤급의 준창호를 사들여 본격적으로 러시아, 중국 등과 무역을 전개했다.

1904년에 러일전쟁이 일어나자 만주에는 수십만 명의 러시아 군이 주둔하게 되었다. 소와 콩은 그들에게 절대적으로 필요한 군용물자였다. 최봉준은 더 많은 소와 콩을 납품했다.

그는 러일전쟁으로 많은 돈을 벌어 조국을 위해 쓰기 시작했다. 한인회를 조직하고 무기를 구입했다. 그러나 러시아가 일본에 패하자 조선은 일본의 강압으로 을사조약을 체결해 국권을 침탈당했다.

'조선을 일본 놈들이 마음껏 유린한다는 말인가?'

최봉준은 나라를 빼앗기게 되자 비통했다. 비록 러시아와 만주 대륙을 떠돌고 있었으나 그의 애국심은 남달랐다.

'대륙에 있는 우리 민족을 일깨워야 한다!'

최봉준은 '시일야방성대곡'을 쓴 장지연을 주필로 초청해 연해주에서 〈해조신문〉을 발행해 조선인들의 애국심을 고취시켰다. 그러나 일본의 탄압이 극심해지면서 〈해조신문〉은 창간한 지 6개월 만에 휴간하기에 이르렀다.

1909년에 안중근이 이토 히로부미를 하얼빈에서 암살했다. 중국인들과 만주인들이 일제히 환호하고 조선인들은 감격의 눈물을 흘렸다. 전 세계를 경악시킨 안중근의 의거는 최봉준에게 깊은 감동을 주었다. 최봉준은 안중근의 변호사 비용을 대는 등 애국사업과 육영사업에도 뛰어들었다.

1910년 8월에 국권이 상실될 위기에 처하자 최봉준은 이상설, 유인석, 김학만 등과 시베리아 신한촌에서 조선독립의 당위성을 호소했다. 최봉준은 러시아와의 무역에 주력하는 한편 러시아에 있는 한인들의 지위를 향상시키기 위해 노력했다. 그러나 1918년에 병으로 죽었다.

최봉준은 1천만 원대의 부를 소유해 민영휘 등과 함께 조선 최고 갑부의 대열에 오른 사람이다. 일제 강점기에 자수성가로 그렇게 많은 돈을 버는 것은 결코 쉽지 않았다. 그것은 역경에 처했을 때 포기하지 않았기 때문에 가능한 일이었다.

최봉준이 소를 몰고 간 연해주는 광활한 초원이고 늪지대였다. 천 개의 늪이 있다고 할 정도로 늪이 많고 살인 진드기도 많았다. 게다가 겨울에는 영하 30도를 넘는 추위가 엄습했다. 그는 이러한 자연재해와 싸우면서 조선에서 산 소를 러시아 군대에 납품했다. 그에게 끈기가 있었기 때문에 어떠한 악조건에서도 포기하지 않았던 것이다.

파파 리더십의 여섯 번째 특성은 바로 '끈기'이다. 박항서 감독에게는 끈기가 있었기 때문에 약체로 평가받던 베트남 축구대표팀을 강팀으로 만들 수 있었다. 베트남 축구대표팀의 실력에 한계치를 설정하지 않고 포기하지 않았기 때문에 날마다 성장하는 팀이 된 것이다.

스포츠 지도자뿐만 아니라 기업가에게 필요한 것은 끈기이다. 예를 들어 기업이 새로운 분야에 진출하기 위해서는 성과를 거두기까지 많은 손실을 감수해야 한다. 삼성의 경우에는 1974년 12월에 이건희 회장이 사재를 털어가면서 한국반도체의 지분을 인수하면서부터 반도체 분야에 투자했는데, 1992년에 세계 최고 반도체 메모리 제조업체가 되기까지 20년 가까이 걸렸다. 그 기간 동안 포기하지 않고 투자를 이어나갔기에 결실을 거둘 수 있었던 것이다.

박항서 감독 역시 끈기가 있었기 때문에 좋은 결실을 거둘 수 있었다. 2019년 1월 20일, 베트남과 요르단의 아시안컵 16강전이 아랍에미리트의 아부다비에서 열렸다. 베트남은 전반전에 선취골을 빼앗기고 수비 위주로 경기를 펼쳤다. 그런데 후반전이 시작되자 베트남 선수들의 몸놀림이 빨라졌다. 선수들이 갑자기 공격적이고 민첩해지더니 순식간에 동점골을 넣고 말았다. 이러한 일이 벌어진 것은 박항서 감독이 하프타임 때 선수들에게 한 말 때문이다.

"포기하지 말자!"

박항서 감독은 점수가 뒤지더라도 경기 내내 그라운드 밖을 열정적으로 뛰어다니면서 '딱중'을 외친다. '딱중'은 '집중'을 의미하는 베트남어다. 그는 경기에 뒤지더라도 선수들에게 집중하라고 외친다. 끝까지 포기하지 말라고 하는 것이다.

아시안컵 16강전에서 베트남과 요르단은 연장전까지 가면서 치열한 공방전을 벌였다. 그러나 승부를 가리지 못해 승부차기를 하게 되었고 베트남은 기적처럼 4 대 2 승리를 거두었다. 승리의 비결은 바로 '끈기'였던 것이다.

인재는 공정하게 선발하고,
역량을 발휘하도록 자신감을 심어주어야

전 세계 많은 나라들이 축구에 열광한다. 베트남에서는 축구를 '킹 스포츠'라고 부를 정도로 좋아한다. 우리나라에서도 축구는 인기 있는 스포츠이다. 하지만 인재를 선발하는 과정에서 문제점이 드러나기도 했다. 지금은 달라졌지만 과거에는 실력이 아닌 인맥으로 선수를 선발하는 경우가 있었기 때문이다.

2002년 월드컵 본선에서 16강 이상의 성적을 원하는 축구협회는 네덜란드 출신의 저명한 축구감독 거스 히딩크를 영입했다. 그가 국가대표팀 감독이 되면서 한국 축구에 새 바람을 일으켰다.

한국에서는 국가대표를 선발할 때 인맥으로 뽑는 경우가 많았지만 히딩크 감독은 선수 선발의 전권을 위임받았고, 훈련에 대한 전권도 요구했다. 한국에서 열리는 월드컵에서 좋은 성적을 내야 했던 축구협회는 그의 요구를 들어줄 수밖에 없었다. 히딩크 감독은 철저하게 데이터에 근거해 훈련을 실시했다. 국가대표 선수가 23명인데 코칭스태프가 22명이 될 정도로 전폭적인 지원을 받았다.

한국 선수들에게 고참선수는 절대적인 존재였다. 식사를 할 때도 고참들끼리 따로 모여 식사했다. 운동장에서는 고참의 지시를 받았다.

"대표선수에게 고참과 후배는 없다. 식사를 따로 하지 말고 같이 해라. 운동장에서도 마찬가지다. 모두 국가대표이고 동료다."

히딩크는 평등과 공정성을 강조했다. 그는 박지성, 이천수, 송종국, 김남일, 차두리 등 젊은 선수들을 국가대표로 선발했는데, 고참과 후배를 가리지 않고 선수들을 경쟁시켰다. 나이에 상관없이 우수한 선수를 주전으로 선발했다. 그는 결국 월드컵 4강 신화를 이루었고 우리에게 영웅이 되었다.

마찬가지로 박항서 감독은 베트남 대표선수들을 철저하게 실력 위주로 뽑고, 경기력 향상을 위해 훈련한다. 그리고 선수들에게서 자신감을 이끌어낸다.

"감독님은 내 안에서 자신감을 끌어내도록 마인드 컨트롤을 해주셨다. 내가 왜 뛰어야 하는지 그 이유를 가르쳐주셨다."

베트남의 스트라이커 응우옌 꽝 하이가 한 말이다.

파파 리더십의 일곱 번째 특성은 바로 '공정성'이다. 히딩크 감독과 마찬가지로 박항서 감독은 선수를 공정하게 선발한다.

그리하여 약체로 평가받던 베트남 축구대표팀을 강팀으로 만들 수 있었다.

박항서 감독은 선수들을 공정하게 선발하기 위해 베트남 축구협회에 한국인 수석코치가 필요하다고 말했다. 베트남인이 아니라 한국인이 수석코치를 맡으면 인맥보다는 실력 위주로 선수를 선발하고 효율적으로 지도할 수 있다고 본 것이다. 베트남 축구협회가 이를 수락하자 이영진 수석코치를 베트남으로 불러올 수 있었다.

그런데 베트남 축구대표팀의 전임감독이 이미 선발해 놓은 선수들이 있었다. 박항서 감독과 이영진 수석코치, 나중에 합류한 배명호 코치는 베트남 전국을 돌아다니며 새로운 선수들을 찾았다.

베트남은 지형이 남북으로 길게 뻗은 나라라서, 프로축구를 비롯한 각종 축구경기가 여러 도시에서 열렸다. 경기장으로 달려가기 위해 때로는 비행기를 때로는 자동차를 이용했다. 자동차를 이용할 때는 몇 시간씩 달려서 경기장에 갔다. 도로 사정이 좋지 않아 비포장도로를 몇 시간씩 달릴 때도 있었다.

박항서 감독은 그렇게 경기장으로 달려가 선수가 뛰는 것을 직접 관찰했다. 물론 중계방송 파일을 컴퓨터를 통해 확인하는 것도 잊지 않았다.

한국에서는 선수를 선발하기 위해 축구감독들이 경기장을 누비곤 한다. 그런데 베트남에서는 그런 일이 거의 없었다. 얼마 전에 국정감사에서 2018년 아시안게임 야구 국가대표를 선발할 때 경기장에 가지 않고 텔레비전을 통해 선발한 일이 구설수에 올랐는데, 베트남 축구감독이 선수를 선발하는 방식에도 문제가 있었던 것이다.

박항서 감독은 코칭스태프들과 함께 베트남 전역을 누볐다. 그 결과 응우옌 꽝 하이 등의 젊은 인재를 발굴했고, 이들의 역량을 끊임없이 끌어올리고 있다.

제3부

날마다 성장하는 리더의 비밀

"

언젠가는 나에게도 기회가 올 것이다!

"

사람은 누구나 스스로 인생을 설계해야 한다. 인생을 설계하고 그 길을 올곧게 걸어가야 한다. 그러나 많은 사람들이 인생의 목표도 없이 방황한다.

"나는 열다섯 살에 학문을 하기 위해 뜻을 세웠고(吾十有五而志于學), 서른 살에 학문의 자립을 이루었고(三十而立), 마흔 살에 불혹을 이루고(四十而不惑), 쉰 살에 하늘의 뜻을 알고(五十而知天命), 예순 살에 순리에 따르고(六十而耳順), 일흔 살이 되어 마음 내키는 대로 살아도 세상에 해악을 끼치는 일을 하지 않았다(七十而從心所欲不踰矩)."

공자의 『논어』 「위정편」에 있는 말이다. 공자는 자신의 학문과 인생에 대해 이야기하고 있지만 우리가 날마다 성장하는 삶을 살기 위해 되새겨야 할 말이다. 인류의 4대 성인으로 불리는 공자도 궁핍한 시절을 보내고 상가지구(喪家之狗), 상갓집 개처럼 떠돌아다녔다. 공자의 표랑(漂浪)은 진문공(晉文公) 중이(重耳)

가 19년을 표랑했던 것처럼 유명하다. 진문공 중이는 19년 동안 중국 대륙을 떠돌다가 패자(覇者)가 되었고, 공자는 상갓집 개처럼 떠돈 뒤에 성인이 되었다. 그들은 자신을 경영해 역경을 극복하고 리더가 된 것이다.

공자는 평생을 학자로서 살아가며 날마다 성장했는데, 박항서 감독은 스스로 평생 동안 축구만 했다고 말했다. 그는 축구에 평생을 바쳤기 때문에 다른 일은 생각해 본 적이 없다. 그의 말을 빌리면 '축구가 인생이고 일찍부터 축구에 뜻을 두었다'고 해도 과언이 아니다.

하지만 상갓집 개처럼 떠돌아다녀야 했던 공자와 마찬가지로 그의 축구 인생이 순탄했던 것만은 아니다. 청소년 국가대표, 국가대표, 프로리그 베스트 11에 선정될 정도로 축구를 열심히 했지만 이렇다 할 스포트라이트를 받지는 못했다.

그는 축구선수치고는 키가 작았다. 이러한 단점을 극복하고자 악착같이 뛰어서 두각을 나타내고는 했으나 항상 1%가 부족했다. 베트남 선수들도 키가 작았다. 그는 키가 작은 선수들이 어떻게 해야 강해질 수 있는지 누구보다 잘 알고 있었다. 그것은 키 큰 선수가 한 걸음 뛸 때 두 걸음을 뛰는 것이다.

자, 그럼 이제부터 어떻게 해야 날마다 성장하는 리더가 될 수 있는지 알아보도록 하자.

꿈꾸는 사람은 뜻을 세운다

자신을 경영하는 것은 자신을 철저하게 관리하는 것이기도 하다. 자신을 경영하기 위해서는 우선 입지(立志), 앞으로 무엇을 할 것인지 뜻을 세워야 한다.

박항서 감독은 10대 소년 시절에 축구선수의 꿈을 꾸었고 그 꿈을 실현시켰다. 젊은 시절의 꿈을 '청운의 꿈'이라고 부른다. '성공하기 위해 젊었을 때 푸른 꿈을 꾼다'는 뜻이다. 청운의 꿈은 또 다른 의미로 '입신양명을 하기 위한 꿈'을 뜻한다. 동서고금을 막론하고 수많은 사람들이 청운의 꿈을 꾸었고 각고의 노력 끝에 성공했다.

청운의 꿈을 꾼다는 것은 입지, 뜻을 세우는 것과 같다. 소프트뱅크의 손정의 회장은 입지를 가장 중요하게 생각하는 인물이다. 그는 전 세계에서 손꼽히는 부자가 되었는데, "그 첫 번째 이유는 꿈을 꾸었기 때문"이라고 말한다.

손정의는 일본 규슈의 도수(島栖)에서 태어났다. 그의 할아버지는 밀항선을 타고 일본에 건너간 광부였으나 해방되었어도 한국으로 돌아오지 못했다. 할아버지가 죽은 뒤 손정의의 아버지는 생선장사와 음식장사 등을 하면서 가족을 먹여 살렸기 때문에 몹시 가난했다. 손정의가 태어났을 때는 집조차 없어서 일본 호적의 출생지란에 주소가 '노변(路邊, 길가)'이라고 씌어 있을 정도였다.

'그래, 나는 반드시 미국에 가서 성공할 거야.'

손정의는 가난이 싫었다. 어릴 때부터 부자가 되겠다는 큰 꿈을 키웠다. 어린 시절에 '조센진'이라며 차별받았지만 아버지의 격려와 지원 덕분에 후쿠오카의 명문고에 입학했다. 하지만 고등학교 1학년 때 미국 캘리포니아 주립대학 버클리캠퍼스 영어연수를 다녀온 후 자퇴서를 내고 1974년에 미국으로 유학을 떠났다.

'나는 반드시 세계 최고의 부자가 될 것이다!'

손정의는 유학을 떠나면서 비장하게 결심했다. 강한 입지를 세운 것이다. 그는 언어장벽에 부딪쳤지만 약 2년 만에 검정고시로 미국 고등학교 과정을 마쳤다. 그리고 19세가 되었을 때 자신의 인생 목표를 세웠다.

"20대에 첫 회사를 세우고, 30대에는 사업 밑천을 바탕으로

자금을 끌어 모은다. 자금의 규모는 10억 달러 정도로 한다. 40
대에는 대규모 투자를 하고, 50대가 되면 일생일대의 프로젝트
를 완성하고, 60대에는 성공적인 인물로 우뚝 서고 다음 주자에
게 바통을 넘길 준비를 한다."

손정의가 열아홉 살에 세운 방대한 인생 전략은 앞서 소개한
공자의 『논어』 「위정편」에 있는 말과 상당히 닮았다. 그는 19세
의 이른 나이에 평생의 계획을 세웠는데, 어떻게 보면 황당무계
하기 짝이 없는 계획이다. 여하튼 그는 자신의 인생 전략을 10
년 단위로 세운 뒤에 그대로 실천에 옮겼다. 우선 1977년에 홀
리네임즈대학교를 다니다가 명문 버클리대학교 경제학부로 편
입했다.

'오늘의 미국이 있게 한 것은 발명가들의 공로다. 나는 하루에
한 건씩 발명을 할 것이다.'

손정의는 경제학을 공부하면서도 하루에 1건의 발명을 하기
로 했다. 학업을 병행하면서 그렇게 하는 것은 거의 불가능한 일
이었으나 그는 자신의 뜻을 이루기 위해 노력했다. 1년에 250여
건의 발명을 해내고 말았다.

손정의는 21세가 되자 교수들을 설득해 영어를 일어로 번역
하는 자동번역기를 개발했는데, 일본 기업 샤프에 1백만 달러의

계약금을 받고 팔았다. 놀라운 사업 수완이었다.

학생 신분이었던 손정의는 1백만 달러로 캘리포니아 오클랜드에서 '유니손 월드'라는 회사를 창업했다. 사업은 성공했지만 모든 경영권을 동업자에게 넘기고 가족들이 있는 일본으로 돌아왔다.

가족들은 손정의를 크게 환영했다. 미국으로 건너간 지 불과 7년 만에 적지 않은 돈을 벌어서 일본으로 돌아왔기 때문이다. 23세라는 이른 나이를 생각하면 경이적인 성공이었다.

'이제부터 나는 돈을 벌기 위해 사업을 한다. 내가 19세에 만든 인생 청사진을 반드시 이룰 것이다!'

귀국한 손정의는 창업을 하기 위해 시장조사에 착수했다. 시장조사를 하는 데만 1년가량 시간을 할애했다.

'제조업으로 성공하려면 오랜 세월이 걸린다. 제조업보다는 정보산업이 훨씬 빨리 성장할 수 있다. 그리고 정보산업도 하드웨어보다 소프트웨어산업이 유망할 것이다. 지금은 하드웨어가 유리하지만 몇 년만 지나면 소프트웨어가 더욱 크게 번성할 것이다.'

시장을 선도하기 위해서는 남들보다 앞서야 한다. 버클리대학에서 경제학을 공부한 손정의는 경제 이론에 해박했다. 이를 바탕으로 소프트웨어산업에 대해 치밀하게 분석했다. 철저한 시장조사와 전략으로 사업계획을 세우고 마침내 결단을 내렸다.

"이제부터는 전쟁이다. 나는 전쟁터로 출정하는 것이다."

1981년 9월 손정의는 자본금 1,000만 엔에 직원 2명을 데리고 소프트뱅크를 설립하고, 소프트웨어 유통업을 시작했다. 그는 2명의 직원들을 세워놓고 전쟁에 출정하는 장수처럼 열변을 토했다.

"우리 회사는 지금 비록 시작은 작게 했으나 10년 뒤에 500억 엔, 20년 뒤에는 수조 엔의 매출을 기록하는 대기업이 될 것이다. 여러분들이 나를 믿고 따르면 틀림없이 부자가 되게 해준다."

손정의의 연설을 들은 직원들은 너무나 기가 차서 소프트뱅크를 그만두었다. 그들에게는 손정의가 미치광이나 돈키호테로 보였다. 그러나 그의 말은 결코 거짓이 아니었다. 손정의가 소프트뱅크를 설립했을 때 일본에서는 세가와 닌텐도의 전자오락 열풍이 불었다. 아이들에게 전자오락기가 없으면 따돌림을 당할 정도로 전자오락 바람이 불었다. 그와 함께 개인용 컴퓨터 바람까지 불었다.

전자오락과 개인용 컴퓨터는 소프트웨어산업을 발전시켰고,

하루가 다르게 새로운 소프트웨어들이 쏟아졌다. 손정의의 소프트뱅크로 고객이 줄을 서서 기다릴 정도로 밀려들었다. 손정의는 컴퓨터 잡지를 창간했다. 미국의 발달한 컴퓨터 정보를 소개하자 대히트를 쳤다.

손정의는 소프트뱅크를 창업한 지 1년 만에 '주간아사히'에 소개될 정도로 명성을 떨치고 부를 쌓았다. 그러나 얼마 안 되어 지나친 열정이 화근이 되어 쓰러졌다. 병명은 중증 만성간염이었다.

"언제까지 병원에 있어야 합니까? 물론 완치할 수 있겠죠?"

손정의는 자신의 병을 대수롭지 않게 생각했다.

"유감스럽습니다만 최악의 경우 5년을 넘길 수 없습니다."

의사는 손정의에게 사형선고를 내렸다. 젊은 사업가로 겁 없이 사업전선에 뛰어들었던 손정의에게는 청천벽력과 같은 일이었다.

"내가 죽어야 한다는 말입니까?"

"지금 당장은 아닙니다. 일단 입원해서 치료를 받으십시오."

"나는 완치되어야 합니다. 이렇게 허무하게 죽을 수는 없습니다."

손정의는 절규하듯이 외쳤다. 그러나 의사는 방법이 없다고 고개를 흔들었다. 누구에게나 위기는 찾아온다. 위기에 처할 때 대부분의 사람들은 자신의 처지를 한탄한다. 돈 많은 부모도 없고 운도 따르지 않아 성공하지 못한다고 말한다. 위기를 이겨내려 하지 않고 현실에 안주하거나 포기하려고 한다. 이런 사람이 과연 성공할 수 있을까? 이런 사람은 기회가 와도 결코 잡지 못한다. 성공을 위해서는 현실이라는 거대한 벽을 넘어 앞으로 나아가야 한다.

손정의는 비참했다. 소프트뱅크도 성공가도를 달리고 있었고, 결혼까지 하여 행복한 생활을 하고 있는 그에게 간염은 가혹했다. 그의 아내는 매일같이 울었다.

그러나 위기에 처했을 때 그는 불굴의 의지를 불태웠다.

'나는 반드시 완치할 것이다!'

그는 의사의 지시를 철저하게 이행하는 한편 운동도 열심히 하면서 술과 담배를 가까이하지 않았다. 손정의는 간염을 치료하면서 3년 동안 3,000여 권의 책을 독파했다. 그는 특히 『손자병법』을 좋아했다. 『손자병법』을 여러 번 읽고 영감을 받아 '손의 제곱병법'이라는 전략을 세웠다.

『손자병법』과 '론체스터의 제곱법칙'을 결합해 '손의 제곱병법 25자'를 만들었다. 손정의는 손의 제곱병법 25자를 지금까지 중요한 고비 때마다 지침으로 삼아왔다. 새 사업에 뛰어들거나 위기를 맞을 때 '손의 제곱병법 25자'를 활용한 것이다. 그가 만든 손의 제곱병법 25자는 가로 5자(字), 세로 5자, 총 25자로 이루어졌다.

첫째, 도천지장법(道天地將法)이다. 도(道)는 기업의 이념이다. 손정의에게 '도'는 '정보혁명으로 사람을 행복하게 만드는 일'에 해당된다. '천(天)'은 '하늘이 부여한 시기'이며, '지(地)'는 '사업의 중심지인 아시아'를 의미하며, '장(將)'은 '기업의 리더'를, '법(法)'은 '시스템과 규범의 중요함'을 뜻한다.

둘째, '정정략칠투(頂情略七鬪)'이다. 이는 기업의 비전과 신사업 진출과 관련된 원칙이다. '정(頂)'은 '정상에서 내려다보는 것'이다. 즉 30년 후를 내다보는 장기 비전이다. '정(情)'은 '빈틈없이 정보를 수집하는 것'이고, '략(略)'은 '정보를 압축한 전략'이며, 칠투(七鬪)는 '7할의 승산이 있으면 싸워야 한다'는 '7할 승산론'이다.

셋째, '일류공수군(一流攻守群)'이다. '일(一)'은 '1등을 목표로 하는 것', '류(流)'는 '시대의 흐름을 간파하는 것', '공수(攻守)'는 '공격과 수비력의 겸비', '군(群)'은 '동지적 결합 또는 전략적 동맹으로 전쟁에 나선다'는 뜻이다.

넷째, '지신인용엄(智信仁勇嚴)'이다. 이는 『손자병법』 계(計)편에 나오는 리더의 5대 자질이다. '지(智)'는 '통찰력', '신(信)'은 '신의', '인(仁)'은 '자애로운 품성', '용(勇)'은 '용기', '엄(嚴)'은 '엄격함'을 뜻한다.

다섯째는 '풍림화산해(風林火山海)'이다. '풍(風)'은 '사업추진의 빠르기가 바람 같아야 하고', '림(林)'은 '조용하기가 숲과 같아야 하고', '화(火)'는 '공격이 불같아야 하며', '산(山)'은 '버티는 모양이 산과 같아야 하며', '해(海)'는 '사업의 넓이가 바다와 같아야 한다'는 뜻이다.

손정의는 29세가 되자 병상에서 일어나 소프트뱅크에 복귀했다. 그의 사업은 순풍을 만난 배처럼 성장했다. 그가 3년 동안이나 병원에 있었는데도 소프트뱅크의 소프트웨어 유통업은 호황이 계속되었다. 창업한 지 10년이 채 안 되어 매출액 500억 엔을 돌파했다. 그가 소프트뱅크를 처음 창업하고 직원들에게 한 말을 실현한 것이다.

일본인들은 손정의를 괴물 경제인이라고 불렀다. 그러나 그는 결코 괴물이 아니었다. 그는 전쟁을 하듯 사업과 투자를 연구하고 전략을 세워서 실행했을 뿐이다.

　그는 야후를 인수했을 때도 손의 제곱병법을 활용했다. 손정의는 미국을 오가면서 인터넷의 성장 가능성을 예의주시했다. 정보산업은 미국이 가장 발달해 있었다. 미국은 전 세계의 컴퓨터 시장을 선도하면서 인터넷 시장도 성장시키고 있었다.

　'이럴 수가!'

　그의 가슴이 세차게 뛰었다. 인터넷 검색 프로그램은 초보적인 수준이었기 때문에 미국인들조차 관심을 기울이지 않고 있었다. 사업에 투자할 수 있는 절호의 기회인데도 아무도 그 사실을 모르고 있었다. 손정의는 미국 야후에 거액을 투자해 1대 주주가 되었다. 야후의 실질적인 소유주가 되었고, 개발자인 제리 양이 오히려 2대 주주가 되었다.

　제리 양은 가난한 프로그래머에 지나지 않았고, 야후를 개발했으면서도 자본이 없어서 사업화하지 못하고 있었다. 이때 손정의가 1억 달러를 투자하겠다고 제안하자 그는 받아들였다.

　"너무 무모한 것이 아닐까요? 어떻게 그 많은 돈을 투자할 수 있습니까?"

　손정의가 미국 야후에 거액을 투자하자 주위 사람들이 걱정스러운 표정으로 물었다.

"야후의 주식은 엄청나게 폭등할 것입니다."

손정의가 자신 있게 말했다.

"어떻게 그런 일이 있을 수 있습니까?"

"세계는 인터넷으로 하나가 됩니다. 인터넷은 정보산업의 혁명을 일으킬 것입니다."

손정의의 말에 사람들은 고개를 절레절레 흔들었다. 그러나 그의 예측은 정확했다. 불과 2년도 되지 않아 인터넷 바람이 전 세계에 선풍처럼 불었다. 그 결과 그가 투자한 미국 야후와 일본 야후의 주가가 폭등했다. 일본 야후의 주가는 한때 1억 엔 (1998년 당시 원화로 12억 원)을 돌파한 적이 있을 정도로 엄청난 부를 창조했다.

손정의는 이때 전 세계 1위의 부자가 되었다. 마이크로소프트의 빌 게이츠를 제치고 사흘 동안 1위를 했으나 가난했던 소년이 세계 최고 부자가 되었다는 사실에 전 세계가 주목했다. 여하튼 손정의가 성공할 수 있었던 이유는 어릴 때부터 뜻을 세우고 이를 실천했기 때문이다.

이제 박항서 감독을 생각해 보자. 그는 경상남도 산청 출신이다. 산청은 경상남도의 오지 중 하나인데, 드라마 '허준'이 방송되면서 유명해진 곳이다.

박항서 감독은 산청의 시골마을에서 태어났고, 생초면에 위치한 생초초등학교와 생초중학교를 다녔다. 그는 중학생 때부터 축구에 뜻을 두었는데, 축구 명문인 경신고등학교에 진학해 축구를 시작했다. 이후 한양대에 진학해 축구선수로 성장했고, FC서울의 전신인 럭키금성에 창단멤버로 입단해 선수 생활을 계속했다.

이제는 박항서 감독이 베트남에서 최고의 인기를 끌자 산청군은 생초면에 박항서 축구장을 만들고 박항서 박물관을 건설할 계획이다. 베트남 관광객들이 박항서 감독의 생가를 단체로 찾아오는 일이 많아졌기 때문이다. 박항서 감독은 단순한 축구인이 아니라 관광객까지 끌어들이는 인물이 되었다.

손정의 회장을 비롯해 한 분야에서 우뚝 서는 인물은 어린 시절부터 뜻을 세운다. 많은 위인이나 성공한 사람들 대부분이 어릴 때부터 꿈을 꾸었고, 그 꿈을 이루기 위해 노력했고 결국엔 성공했다. 부자가 되겠다는 꿈을 꾼 현대그룹의 정주영 회장, 축구선수가 되겠다는 꿈을 꾼 박항서 감독도 어릴 때부터 뜻을 세운 것이다.

어린 소녀가 있었다. 그녀는 시골에서 서울로 이사를 왔고, 동네에 있는 무용학원에서 처음으로 발레를 배우게 되었다. 초등학교 3학년 때였다. 그녀는 발레가 너무 좋아서 열심히 춤을 췄다.

'나는 꼭 세계적인 발레리나가 될 거야!'

어린 소녀인 그녀에게 처음으로 꿈이 생겼고, 꿈을 이루기 위해 열심히 춤을 췄다. 초등학교 5학년이 되자 동네 무용학원 선생이 그녀에게 전문적인 발레교육을 받으라면서 유명발레단 소속의 발레학원을 추천했다.

소녀의 부모는 가난했지만 딸을 위해 전문발레학원에 등록시켜주었다. 그 학원에는 어린 소녀들이 다니고 있었는데, 이미 국내에서 손꼽히는 실력자들이 많았다. 콩쿠르가 열리면 그녀들이 1, 2, 3등을 휩쓸었고, 그녀는 어쩌다가 장려상을 받는 것이 고작이었다.

'쟤네는 발레를 일찍 시작해서 잘하는구나.'

소녀는 그들에게 뒤처지지 않기 위해 더 많이 연습해야겠다고 생각했다. 그녀는 일요일에도 학원에 나가 남몰래 연습했다.

학원의 경비원은 어린 소녀가 함부로 숨어들어와 연습하는 것을 보고 야단을 쳐서 내쫓았다. 그러나 소녀는 다음 일요일에도 그 다음 일요일에도 몰래 들어와서 연습했다. 경비는 더 이상 묵과할 수 없어서 원장에게 보고했다.

원장은 학원시설을 함부로 이용하는 소녀가 괘씸했다. 하지만 잠시 후에 소녀가 얼마나 발레가 하고 싶었으면 일요일에 몰래 와서 연습할까 싶었다.

"아이가 와서 연습을 하더라도 절대로 아는 체하지 말고 자리를 피해 줘요. 아이의 꿈이 결실을 맺도록 해야 돼요."

원장이 경비원에게 말했다. 소녀는 마음껏 연습할 수 있었고, 훗날 국내 콩쿠르와 세계적인 콩쿠르에서 1등을 휩쓸었다. 그리고 지금은 세계적인 발레단인 독일 드레스텐 젬퍼오퍼 발레단에서 수석발레리나로 활약하고 있다.

이 소녀는 어릴 때부터 발레리나로 성공하겠다는 뜻을 세웠고, 그 뜻을 이루기 위해 남들이 모두 쉬는 일요일에도 쉬지 않고 연습했기 때문에 성공할 수 있었다. 딸 자랑을 하는 것 같아 쑥스럽지만 이 소녀는 바로 필자의 딸인 발레리나 이상은이다.

꿈꾸는 자와 꿈꾸지 않는 자

멀리 가려면 멀리 내다봐야 한다. 4차산업혁명이 일으키는 신기술은 빛의 속도로 발전하고 있다. 이러한 세상에서 현실에 안주한다면 퍼스트 무버가 될 수 없다. 리더는 조직의 그 누구보다 멀리 내다보기 위해 고군분투해야 하는 존재이다. 유능한 리더는 조직의 현재뿐만 아니라 미래를 내다본다. 가깝게는 며칠 뒤, 멀게는 10년 혹은 100년 뒤까지 내다본다.

일례로 대기업이나 중견기업의 CEO 룸은 대개 가장 높은 곳에 위치한다. 평소에 업무를 보는 공간이 회사에서 가장 높은 곳에 위치하는 것이다. 가장 높은 층은 지배구조를 나타내는 일종의 상징이 될 수도 있겠지만 남보다 높은 곳에 위치해야 보다 넓은 시야를 확보할 수 있다.

리더라면 멀리 내다봐야 한다. 앞서 소개한 손정의는 이미 세계적인 기업가가 되었는데, 그는 아직도 꿈을 꾼다. 그의 새로운 목표는 '앞으로 300년 지속 가능한 기업을 만드는 것'이다. 그는 3백 년 뒤에도 세계 정상에 우뚝 선 기업, 1백만 종업원을 거느린 초일류 기업을 만들기 위해 오늘도 노력하고 있다.

리더라면 현실에 안주해서는 안 된다. 목표달성을 했다고 해서 그것이 언제까지나 유지되는 것은 아니다. 애초에 목표했던 월간매출액 또는 연간매출액을 달성했다고 안주해서는 안 된다. 세상은 끊임없이 변하니 지금 잘나간다고 해서 앞으로도 잘나갈 수는 없다. 리더라면 끝없이 새로운 시장을 찾아 도전해야 한다. 물론 도전 과정에서 실패와 좌절의 터널을 지날 수도 있지만 포기하지 말아야 한다.

절망적인 현실에 처한 소녀가 있었다. 윌마 루돌프는 1940년 6월 23일, 미국 테네시 주 세인트 베들레헴에서 조산아로 태어났다. 어릴 때는 소아마비를 앓고 폐렴도 두 번이나 앓았으며, 11세가 될 때까지 보조기구에 의지하지 않으면 걸을 수조차 없었다. 지팡이를 짚고 걸어야 했던 그녀의 유년 시절은 고독하고 쓸쓸했다.

윌마의 유일한 꿈은 다른 아이들처럼 보조기구 없이 마음대로 걷고 자유롭게 뛰어다니는 것이었다. 그녀는 언니나 오빠들이 밖에서 즐겁게 뛰어노는 것을 우두커니 바라보기만 했다.

"윌마, 너는 언젠가 좋아질 거야. 그러니 실망하지 마라."

윌마가 밖을 내다보면서 쓸쓸한 생각에 잠겨 있을 때마다 어머니가 위로해 주었다.

"어머니, 나는 지팡이를 짚지 않으면 걸을 수 없나요?"

그녀는 검은 눈을 반짝이면서 어머니에게 묻곤 했다.

"네가 어릴 때 큰 병을 앓아서 그렇단다. 돈을 벌면 반드시 큰 병원에 데리고 가서 너를 치료해 주마."

"병원에서는 다 나았다고 그랬어요."

"그렇지만 움직일 수가 없잖니? 큰 병원에 가면 걸을 수 있게 해줄 거다."

"큰 병원에 가지 않아도 나는 걸을 수 있을지 몰라요. 내가 오랫동안 걷지 않아서 뼈가 굳어버린 건지도 모르잖아요?"

"함부로 걸으면 뼈가 부러진다고 하지 않았니?"

월마의 아버지는 말수가 적은 사람이었으나 월마가 걸으려고 하면 몹시 엄하게 야단을 쳤다. 아버지는 그녀의 상태가 더 악화될까 봐 걱정하고 있었다.

"그렇지만 걷지 않으면 내 다리는 영영 마비될 거예요."

월마는 우울하게 말했다.

"그러면 이렇게 하도록 하자. 토요일마다 내슈빌에 있는 대학병원에 가서 물리치료를 받도록 하자."

어머니는 여러 병원을 다니면서 치료할 방법을 모색했다. 월마는 토요일마다 어머니와 함께 내슈빌의 메하리 대학병원에 가서 물리치료를 받았다. 집에서는 어머니와 오빠가 그녀의 다리가 굳지 않도록 마사지를 해주었다.

'나는 반드시 혼자서 걸을 거야!'

월마는 어느 날 창밖을 내다보고 생각에 잠겼다. 그녀는 끝없이 상상의 나래를 폈다. 상상 속에서 자유롭게 걸었고, 현실 속에서도 그렇게 할 수 있을 것이라고 생각했다.

상상 속에서는 무슨 일이든지 할 수 있다. 그러나 상상하는 것에만 그치면 부질없는 꿈이 되고 만다. 꿈은 현실에서 실천하지 않으면 결코 이루어지지 않는다. 윌마는 꿈을 이루기 위해 실천하는 소녀였다. 그녀는 자신이 분명히 걸을 수 있다고 긍정적으로 생각했고, 그것을 실천에 옮기기 시작했다.

그녀는 보조기구를 떼어내고 조금씩 걸어보았다. 하지만 보조기구 없이 걷는 것이 몹시 고통스러웠다. 한 걸음을 떼어놓는 것조차 어려워 비틀거리다가 쓰러지고는 했다. 다리는 딱딱하게 굳어 있었고, 무릎이 굽혀지거나 제대로 펴지지 않았다. 무릎을 굽혔다가 펼 때는 이마에 땀이 솟아날 정도로 고통스러웠다.

"나는 할 수 있어. 나는 반드시 내 힘으로 걸을 거야!"

윌마는 이를 악물고 맹세했다. 그녀가 보조기구 없이 걷다가 쓰러진 것을 발견한 아버지는 언니에게 야단쳤다. 다시는 보조기구 없이 걷지 말게 하라고 호통을 쳤다.

그럼에도 불구하고 윌마는 다시 걷는 연습을 했다. 처음에는 불과 몇 발자국밖에 떼어놓지 못했으나 차츰차츰 열 걸음, 스무 걸음을 떼어놓게 되었다. 보조기구 없이 걷는 시간도 점점 늘어났다.

"오오, 마침내 네가 해냈구나!"

월마의 어머니는 혼자서 걷는 딸을 보고 외쳤다. 월마가 걷는 것을 본 가족들도 모두 좋아했다. 그녀는 하루에 두세 시간씩 걷기 시작해 마침내 보조기구 없이 걸을 수 있게 되었다. 그러나 월마는 도전을 멈추지 않았다.

'나는 이제 뛰어다닐 거야!'

월마는 다른 소녀들처럼 달리기를 하겠다고 생각했다. 그녀가 달리기를 한다고 하자 많은 사람들이 비웃었다. 그러나 그녀의 어머니는 꼭 해낼 수 있을 것이라고 격려했다. 월마는 사람들의 비웃음에 아랑곳하지 않고 조금씩 달리기 시작했다. 처음에는 수십 미터에 불과했으나 점점 먼 거리를 달렸다.

"월마가 달리기를 한다고? 어떻게 소아마비 환자가 달릴 수 있지?"

사람들은 모두 의아해했다. 그러나 월마는 계속 달리기 연습을 했기 때문에 누구보다도 빨리 달릴 수 있었다. 여러 해가 지났을 때 그녀는 마침내 정상인 못지않게 빨리 달릴 수 있었다.

고등학생이 되자 그녀는 언니와 함께 농구선수가 되었다. 그러나 1년 내내 벤치에만 앉아 있어야 했다. 코치는 월마가 농구를 하는 것이 불가능하다고 생각했던 것이다.

그녀는 혼자서 피나는 연습을 했다. 마침내 코치와 담판을 짓고 하루에 10분만 자신을 지도해 달라고 요구했다. 코치는 소녀의 꿈을 꺾는 것이 바람직하지 않다고 생각해 하루에 10분씩 그녀를 지도해 주었다.

윌마의 농구실력은 점점 향상되었고 주전선수로도 뛸 수 있었다. 그러나 농구선수로는 시즌 동안만 활약할 수 있었고 나머지 시간에는 할 일이 없었다.

'시즌이 아닐 때는 다른 것을 해야 돼.'

윌마는 육상을 선택했다. 소아마비를 앓았던 소녀가 육상선수를 한다는 것은 가당찮은 일이다. 그러나 그녀는 '나는 할 수 있다!'는 강한 신념을 갖고 있었다.

때마침 테네시 주 내슈빌 주립대학의 육상 코치 에드 템플이 농구선수들 중에서 육상선수를 발굴하러 왔다가 윌마를 발견하고 육상을 하라고 권했다. 그녀는 코치의 제안을 받아들였다.

농구선수로 활약하기는 했지만 육상은 자기와의 싸움이었다. 그녀는 오후 8시에 기숙사에서 몰래 빠져나와 혼자서 10시까지 달리기 연습을 했다. 그것은 피눈물이 흐를 정도로 고통스러운 일이었다. 그러나 그녀는 하루도 쉬지 않고 달리고 또 달렸다.

집념 어린 연습 덕분에 그녀는 미국 여자육상 대표선수가 되어 16세의 어린 나이에 호주 멜버른에서 열린 올림픽에 참가하게 되었다. 100미터와 200미터에서는 결승전에 진출하지 못했지만 400미터 계주에 참가해 동메달을 획득했다. 16세의 어린 나이에 동메달을 딴 것은 놀라운 일이었다.

'나는 반드시 금메달을 딸 거야!'

윌마는 동메달에 만족하지 않았다. 그녀는 4년 후를 기약하고 더욱 열심히 달렸다. 사람들은 그녀가 바람처럼 빠르다고 말했다.

마침내 1960년에 로마에서 올림픽이 열렸다. 윌마는 4년 전처럼 100미터와 200미터 그리고 400미터 계주에 미국 대표선수로 출전했다. 로마의 메인스타디움에서 열린 예선을 좋은 성적으로 통과한 그녀는 마침내 100미터 달리기 결승 스타트 라인 앞에 섰다.

그녀의 뇌리에 수많은 생각이 스치고 지나갔다. 잘 걷지도 못할 때 자신을 비웃었던 친구들, 그럴 때마다 자신을 격려해 주던 어머니의 얼굴도 떠올랐다.

'스포츠에는 1등밖에 없다!'

마침내 출발을 알리는 총소리가 울리자 윌마는 총알처럼 달려 나갔다. 육상 100미터 경기는 '인간 탄환의 경기'라고 부른다. 그녀는 전력을 다해 트랙을 질주했다. 관중들이 일제히 일어나서 기립박수를 치는 소리가 들렸다.

월마는 100미터 달리기에서 11초 0이라는 올림픽 신기록을 세우면서 금메달을 획득했다. 그녀는 200미터 경기에도 출전해 금메달을 땄고, 400미터 계주에서도 금메달을 땄다. 올림픽 3관왕이라는 쾌거를 이루어 전 세계의 영웅이 되었다. 그녀의 우승은 소아마비라는 장애를 이겨냈기 때문에 더욱 값진 것이었다.

올림픽이 끝나고 미국으로 돌아오자 존 F. 케네디 대통령은 그녀를 백악관으로 초대했다. 소아마비 소녀가 미국의 영웅이 된 것이다.

만약 월마가 걸으려는 꿈을 꾸지 않았다면 영원히 병원 신세를 져야 했을 것이다. 그러나 그녀는 반드시 걷겠다는 꿈을 꾸었고 그 꿈을 이루었다.

그렇다. 꿈을 이루기 위해 우리는 끊임없이 도전해야 한다. 한계상황 속에 자신을 가두고 두려움에 사로잡혀서는 안 된다. 두려움 대신 열정이 넘칠 때 성공 가능성 또한 높아진다. 이를 증명하기 위해 과학자들은 쥐떼를 미로에 가두고 탈출구에 각각 올빼미 사진과 치즈 사진을 놓은 뒤 탈출여부를 실험했다. 올빼미 사진에서 두려움을 느낀 쥐들은 탈출구를 찾지 못한 반면 치즈 사진을 본 쥐들은 빠른 시간에 미로를 빠져나갔다. 치즈가 주는 달콤함이 머릿속에 각인되어 있었기 때문이다. 결국 꿈을 이루기 위해 우리는 도전해야 하고, 도전하기 위해서는 열정을 가져야 한다.

뜻이 있다면 시련도 약이 된다

영웅은 위기에서 빛난다. 백의종군한 이순신 장군은 일본과의 해전에 패해 몰락한 조선 수군을 목격했지만 "신에게는 아직 전선 열두 척이 있습니다"라고 선조에게 장계를 올렸다. 그리고 명량해전에서 기적 같은 승리를 이루었다.

우리는 위기에 정면으로 맞서는 리더가 되어야 한다. 하버드 대학의 교수이자 심리학자인 탈 벤 샤하르는 『행복이란 무엇인가』에서 "삶에 정면으로 맞서고 자신을 위기의 중심으로 몰아넣어야 한다"고 말했다. 우리는 위기를 극복하는 과정에서 잠재력이 발휘되고 성취감을 느낄 수 있다.

아무리 완벽한 조직이라도 위기는 찾아오게 마련이다. 좋은 리더가 되기 위해서는 위기가 닥칠 때마다 그것에 대처하는 능력을 갖춰야 한다.

오늘날 중국은 미국과 함께 G2국가로 성장했지만 덩샤오핑이 등장하기 전까지만 해도 가난하고 피폐한 국가였다. 그런 중국은 덩샤오핑의 과감한 개혁 덕분에 경제대국으로 거듭날 수 있었다. 문화대혁명 이후 중국은 경제 위기를 겪었는데, 덩샤오핑은 이를 극복하기 위해 1978년 5월에 중국의 인재들로 하여금 서유럽 5개국을 시찰하게 했다. 시장경제를 도입하기 전에 자본주의 경제를 철저히 연구하고, 그것을 중국에 어떻게 적용해야 할지 알아본 것이다. 또 덩샤오핑은 미국, 일본 등 자본주의 경제대국을 직접 방문하기도 했다. 당시에 미국과 중국은 정치적으로는 적국이라서 반대하는 목소리도 컸지만 시장경제를 알기 위해 과감하게 움직인 것이다.

일본에서 닛산 자동차 공장을 견학한 그는 측근에게 말했다.

"이곳의 노동생산율은 중국 장춘 제1자동차 회사의 수십 배나 되는군. 이것이 바로 현대화라는 것을 알게 되었네."

덩샤오핑은 시장경제를 도입하면서 1982년에 3단계 국가경제발전론인 '삼보주(三步走)'를 세웠다. '삼보주'는 '경제 강국이 되기 위한 세 발걸음'이다. 제1보인 '원바오(溫飽)'는 '인민의 먹고 입는 문제를 해결하는 첫 번째 단계'이고, 제2보인 '샤오캉(小康)'은 '생활수준을 중산층 이상으로 끌어올리는 두 번째 단계'이며, 제3보인 '따퉁(大同)'은 '중국의 현대화를 실현하는 세 번째 단계'다. 덩샤오핑이 세운 이 계획대로 중국은 지금 제3보의 길을 걷고 있다. 이처럼 덩샤오핑은 위기에 빠진 중국을 구하고, 더 나아가 강대국으로 발전할 수 있도록 설계한 리더였던 것이다.

인간은 태어날 때부터 고난을 겪는데, 고난을 이겨낼수록 한 단계씩 성장한다. 사업도 마찬가지다. 사업이 잘될 때도 있지만 어려워질 때도 있다. 위대한 사업가는 사업이 안정적일 때 위기를 느끼고, 위기 속에서 기회를 찾는다. 위기 자체를 두려워하지 않는다. 그렇다. 위기에서 기회를 찾는 리더가 위대한 리더다.

박항서 감독 역시 위기에서 기회를 찾았다. 그는 청소년대표와 국가대표 선수로 선발될 정도로 실력을 인정받은 바 있다. 군복무를 마친 후에 프로축구가 창설되자 럭키금성에서 프로선수로도 뛰었다. 그러나 새로운 선수들이 계속 밀려들어왔고 그는 은퇴할 수밖에 없었다.

그는 남들보다 이르다 할 수 있는 29살에 선수 생활을 은퇴하고, 선수로 활약하던 럭키금성에서 코치 생활을 하기 시작했다. 현실이 씁쓸했지만 다른 일을 할 수는 없었다. 중학생 때부터 그의 인생에는 오로지 축구가 전부였다. 축구가 없는 삶은 아무런 의미가 없었다. 축구 지도자로서 축구인의 삶을 계속하고 싶었다. 그러나 말이 지도자이지 당시만 해도 코치는 온갖 잡일을 해야 했다.

'언젠가는 나에게도 기회가 올 것이다!'

박항서 감독은 자신에게 주어진 일에 최선을 다하기 위해 노력했다. 선수들과 같이 뛰고 그들의 고충을 나누었다.

2002년 월드컵이 열리게 되자 대한축구협회가 히딩크 감독을 영입하면서 박항서 감독을 수석코치로 발탁했다. 그러자 많은 축구팬들이 의아해했다. 박항서 감독은 당시에 널리 알려진 인물이 아니었기 때문이었다. 실력 있는 사람은 어디서나 인정받는 법인데, 대한축구협회 기술위원회는 히딩크 감독에게 박항서 감독을 추천했다. 코치로서 그의 능력을 인정하고 있었기 때문이다.

'그래, 나는 코치로서 최선을 다할 것이다.'

그는 이 다짐을 2002년 월드컵 당시에 충분히 이루었고, 4강 신화의 기적을 연출할 수 있었다.

제4부

성공하는 리더는 뭐가 다른 걸까?

66

많은 사람들이 성공에 이르는 지름길과 비법,

특효약을 찾느라 적지 않은 시간을 소모합니다.

베트남에서 제가 거둔 성과는

가장 평범하게, 기본부터 철저히 챙기고 노력한 결과입니다.

99

'**파**' 파(papa)'와 '파더(father)'는 모두 '아버지'를 뜻하는 말이지만 파파는 파더보다 아버지를 더 친근하게 부르는 말이다. 우리말로 치면 '파파'는 '아빠'라고 할수 있겠다. 박항서 감독의 리더십을 '파더 리더십'이 아니라 '파파 리더십'이라고 부르는데, 그만큼 그의 리더십에는 자상하고 친근한 아빠의 모습이 엿보인다.

유교 문화가 지배적이었던 과거에는 군사부일체(君師父一體), 아버지는 임금 또는 스승과 같이 우러러봐야 하는 존재였다. 한국의 아버지는 대부분 권위적이었다. 자신의 뜻대로 자녀를 이끌려 했다. 그래서 아버지는 자녀에게 세상에서 가장 어려운 사람이 되고 말았다. 하지만 오늘날에는 허물없이 지낼 수 있는 아버지가 좋은 아버지다. 그런 면에서 볼 때 박항서 감독은 좋은 아버지다.

2018년 12월 15일, 스즈키컵 우승 후에 박항서 감독의 공식기

자회견장에 갑자기 일부 선수들이 환호성을 지르며 나타났다. 그들은 기쁨에 겨워 박항서 감독에게 물을 마구 뿌리며 탁자를 내려치는 등 난동을 부렸다. 이 때문에 기자회견이 잠시 중단되는 사태가 벌어졌다.

그러나 그는 선수들을 나무라지는 않았다. 오히려 그들을 바라보며 엄지손가락을 치켜세우고, 한 선수의 볼을 쓰다듬고 어깨를 토닥여주었다. 기자회견장 바깥으로 사라지는 선수들을 바라보며 흐뭇한 '아빠 미소'를 짓기도 했다. 이런 그의 모습에서 자녀와 허물없이 지내는 아빠의 모습을 엿볼 수 있다.

박항서 감독은 시합에 나가기 전에 선수들을 껴안아주고, 교체되어 돌아오는 선수들을 포옹하며 격려해 준다. 그라운드에서 뛰는 선수들에게는 온몸으로 파이팅을 외친다. 세상 모든 아버지는 강한 아들을 원한다. 아들이 실패하는 것을 원하지 않기 때문이다. 그러나 아버지라면 세상 그 누구보다 아들의 고충을 알아줘야 한다. 베트남인들은 박항서 감독에게서 그러한 아버지의 모습을 보고 있는 것이다.

끌리는 리더는 뭐가 다른 걸까?

리처드 도킨스의 『이기적인 유전자』는 세계적인 베스트셀러이고 우리나라에서도 스테디셀러가 되었다. 필자가 이 책에 대해 처음 알게 된 것은 호남대학교 영문학과 교수였던 유 모 박사 때문이었다. 그는 이 책을 아내에게 선물했는데, 아내가 책을 읽고 "지금까지 내가 읽은 모든 책은 쓰레기에 지나지 않았다"고 말했다. 그 말을 듣고 호기심을 느낀 필자는 이 책을 읽게 되었는데, 서문을 읽으면서부터 매력을 느꼈다.

리처드 도킨스는 서문에서 이 책을 집필하기 위해 영국 옥스퍼드 대학의 틴버겐(Niko Tinbergen) 교수를 비롯해 윌리엄스(G. C. Williams), 메이나드-스미스(J. Maynard Smith), 해밀턴(W. D. Hamilton) 그리고 트라이버스(R. L. Trivers) 교수 등 많은 교수들에게 도움과 조언을 받았다고 밝혔다. 그는 서문에서 책을 쓰게 된 동기, 조언을 받은 이야기를 진솔하게 써서 독자들의 마음을 얻는 데 성공했다.

어떻게 보면 리더십의 핵심은 '사람의 마음을 얻는 것'이다. 정치 지도자는 국민의 마음을 얻어야 하고, 작가는 독자의 마음을 사로잡아야 하고, 기업가는 소비자의 마음을 얻어야 한다.

『이기적인 유전자』는 제목이 암시하듯이 생물의 생존과 소멸에 대한 책이다. 지구상에 존재하는 모든 생명체는 생존하기 위해 이기적인 행동을 한다. 그러나 이 책은 다음과 같이 주장하고 있다. 자신이 생존하기 위해 이기적인 행동을 한 생명체는 멸종했고, 이타행(利他行)을 한 생명체는 살아남았다.

춘추전국시대에 오기(吳起)라는 병법가가 있었다. 그는 위나라 출신이었는데 크게 출세하지 못하고 떠돌다가 노나라로 건너갔다. 노나라에서 오기는 공자의 제자로 유명한 증자의 문하에서 이를 악물고 공부했는데, 명절 때가 되어도 고향에 가서 어머니를 찾아뵙지 않고 공부만 열심히 했다.

그러던 어느 날이었다. 고향에서 어머니가 돌아가셨다는 연락이 왔으나 오기는 상례를 치르러 가지 않았다. 그는 찬물 한 그릇을 떠놓고 한바탕 곡을 한 뒤에 방으로 들어와 다시 공부에 열중했다. 증자의 제자들은 어머니가 죽었는데도 공부만 하는 오기를 보고 나무랐다.

"자네는 어머니의 상례를 치르지 않는가?"

증자의 제자들이 웅성거리면서 오기에게 물었다.

"아직 공부가 끝난 것이 아니니 고향에 가서 어머니의 상례를 치를 수가 없네."

오기가 담담하게 말했다.

"아무리 공부가 소중하다고 해도 어머니의 장례조차 치르지 않는다는 말인가?"

"장례를 치른다고 해서 어머니가 살아 돌아오실 것도 아니지 않는가?"

"어머니의 영혼이 있다면 얼마나 서운하시겠는가?"

"어머니의 영혼이 있다면 그야말로 나를 이해하셨을 것이네."

오기는 눈도 깜짝하지 않았다. 이 사실을 알게 된 증자는 오기에게 불같이 역정을 냈다.

"너는 어머니가 돌아가셨는데도 가서 상례를 치르지 않으니 예를 모른다. 너와 같은 자는 나의 문하에서 배울 필요가 없으니 떠나라."

증자는 오기를 문하에서 축출했다.

"나는 증자에게 공자의 학문을 배웠으나 예만 있지 세상을 살아가는 이치는 없다. 그에게 더 이상 배울 것도 없는데 문하에서 축출하니 오히려 잘되었다. 나는 이제 병학(兵學)을 공부해 천하를 움직이는 장상(將相)이 되겠다."

오기는 증자의 문하에서 나와 병법을 공부하기 시작했다. 그는 모든 일에 끈기와 집념이 있었기 때문에 병법도 빨리 익혔다. 그는 노나라의 대장군이 되어 제나라군과 싸우게 되었다.

오기는 대군을 거느린 장수가 되자마자 군사들과 숙식을 함께하면서 제나라와 싸울 준비를 했다. 그는 군사들과 똑같이 훈련하고 짐도 똑같이 날랐다. 오기의 군사들 중에 한 군사가 발에 종기가 나서 고생하고 있었다. 오기는 몸소 군사의 종기를 입으로 빨아서 고름을 빼고 치료해 주었다.

"아아, 장군님이 일개 군사의 종기를 빨아주시다니! 우리는 장군님을 위해 목숨을 바칠 것이다!"

오기의 군사들은 크게 감동해 목숨을 바칠 것을 맹세했다. 오기는 군사들의 마음을 얻었다. 전쟁에 이기기 위해서는 전략과 군량, 용병술 등 여러 가지가 필요하지만 군심, 군사들의 마음을 얻는 것이 가장 중요하다. 마음을 얻어야 군사들의 사기가 오르고, 사기가 올라야 전략을 세우고 용병을 하여 전쟁에서 승리할 수 있는 것이다.

이러한 이치는 비즈니스의 세계에서도 적용된다. 짐 콜린스는 『좋은 기업을 넘어 위대한 기업』과 『성공하는 기업들의 8가지 습관』 등에서 "위대한 리더는 언제나 사람을 먼저 생각하고, 그 다음에 무엇을 할 것인지 궁리한다"고 했다. 랄프 왈도 에머

슨은 "사람을 신뢰하라. 그러면 그들은 당신을 따를 것이다. 사람을 위대한 사람으로 대하라. 그러면 그들은 당신에게 위대함을 보여줄 것이다"라고 말했다. 비즈니스를 하기 위해서는 자본과 기술 등 여러 가지가 필요하지만 무엇보다 사람이 필요하다.

좋은 인재는 마음을 얻어야 얻을 수 있다. 구성원의 마음을 얻어낸 리더는 그들로 하여금 자발적인 동기부여를 하게 하고, 팀워크를 강화할 수 있다. 기업의 모든 역량을 한곳에 집중해 원하는 결과를 이룰 수 있다.

오기는 군심을 모아 제나라 군사를 대파했다. 그러나 간신들의 모함을 받게 되자 위나라로 가서 서하를 지키게 되었다. 오기는 76차례나 전쟁을 했는데 64차례나 승리를 거두었고 나머지 12번은 승부를 가리지 못했다. 그는 전쟁에 나서면 귀신같은 용병술로 승리를 거두어 '상승장군(常勝將軍)'이라는 별명을 얻기도 했다.

모든 인간관계에서는 '마음을 얻는 것'이 중요하다. 마음을 얻는 것은 부부 사이에도 중요하고, 부모자식 간에도 중요하다. 최근 들어 가족 간에 엽기적인 사건이 자주 일어나는데, 자식이 부모를 살해하고, 부부 간에 서로를 살해한다. 서로의 마음을 얻었다면 일어나지 않았을 불행한 일들이다.

리더라면 무엇보다 구성원들의 마음을 얻어야 하는데, 그러기 위해서는 어떻게 해야 할까? 구성원들과 허심탄회하게 소통할 수 있는 조직 구조부터 만들어야 하지 않을까?

기업이나 조직의 구조는 크게 위계조직과 역할조직으로 나뉜다. 위계조직은 지위가 높은 사람이 모든 의사를 결정하고 아랫사람은 그 결정을 따르는 피라미드식 조직이다. 반면에 역할조직은 각 역할을 맡은 사람이 의사를 결정하고, 그에 따른 책임도 스스로 지는 수평적인 조직이다.

위계조직에서는 기획, 디자인, 엔지니어링, 인사, 영업 등 모든 분야의 의사결정을 지위가 높은 사장이 내린다. 이 조직에서는 개인의 의견보다 사장의 의견이 우선된다. 기획자가 신제품에 대한 기획안을 올렸는데, 사장의 마음에 안 들면 신제품은 출시되지 못한다. 결국 기획자의 창의성은 묵살되고 사장 개인의 의견이 반영된 가이드라인을 따르게 된다. 위계조직은 이러한 조직 문화를 회사에 막 입사한 신입사원 때부터 강요한다. 이러한 조직에서는 구성원들이 리더에게 마음을 열기 힘들다.

반면에 역할조직에서는 각 역할을 맡은 사람들에게 가이드라인을 제시하지 않는다. 이 조직에서는 기획자가 디자이너에게 기획안을 건네주면 제품의 특성을 살려내는 창의적인 디자인을 스스로 개발한다. 역할조직은 각자의 역할에 따라 의사결정을 하므로 수평적인 조직이다.

역할조직의 리더는 직원뿐만 아니라 협력업체 사람들의 마음까지 얻어낸다. 예를 들어 영업을 대행하는 협력업체에게 "언제까지 거래처 몇 개를 늘려 달라"고 지시하지 않는다. 그렇게 지시하면 시키는 일만 할 수도 있고, 시키는 일도 못해낼 수도 있기 때문이다. 역할조직의 리더는 다음과 같이 말한다.

"우리 회사에서 등산복 시장에도 새로 진출하고 싶은데요. 전문가가 보시기에 어떤 제품을 판매하는 게 좋을까요?"

존 맥스웰은 『리더의 조건』에서 "사람이 따르는 리더는 다른 사람을 섬긴다"고 말했다. 상대를 섬기는 리더는 사람이 따르게 마련이다. 협력업체의 입장에서는 자신을 '전문가'로 인정해 주는 것 같으니 호감을 느낄 것이고, 좋은 의견을 자발적으로 말할 것이다. 물론 영업 역시 자신의 일처럼 열심히 하려 할 것이다. 당연히 기대 이상의 효과를 거둘 수도 있을 것이다.

자, 이제 박항서 감독을 생각해 보자. 그는 선수들에게 권위적인 아버지가 아니라 따뜻한 아빠다.

스즈키컵 결승전 1차전이 말레이시아에서 열리게 되자 박항서 감독은 선수들과 함께 하노이 공항에서 비행기에 올랐다. 선수단이 비행기로 이동할 때 감독은 비즈니스석, 선수들은 이코노미석을 이용하는 것이 관례였다. 비행기가 하노이 공항을 이륙한 지 한 시간쯤 지났을 때 박항서 감독이 갑자기 이코노미석의 도 홍 둥 선수에게 다가왔다.

"너, 허리 아프지? 나랑 자리를 바꾸자. 내 자리가 비즈니스석이니까 넓어서 좀 나을 거야."

박항서 감독이 도 홍 둥 선수에게 말했다. 물론 베트남어를 잘하지 못해서 통역을 통해 의사를 전달했다.

"아닙니다. 전 여기가 편합니다."

도 홍 둥 선수는 깜짝 놀라 사양했다. 이코노미석은 좌석과 좌석 사이가 비좁다. 감독을 자신의 자리에 앉게 할 수는 없었다.

하지만 박항서 감독은 완강했다. 도 홍 둥 선수는 마지못해 박항서 감독과 자리를 바꾸었다. 박항서 감독은 도 홍 둥 선수의 자리에 앉아서 다른 선수들과 농담을 하고 장난을 하는 등 즐거운 분위기를 만들었다. 선수들은 그와 함께 3시간 동안 즐겁게 이야기를 나누었다.

박항서 감독이 부상당한 선수에게 자리를 양보한 사실이 베트남 언론에 알려지자 베트남 국민들의 마음을 움직였다. 더 나아가서 이 사실이 우리나라에도 보도되었다. 많은 사람들이 그의 파파 리더십에 감동했다.

부상당한 선수를 부모처럼 아끼는 그를 치켜세우자 박항서 감독은 다음과 같이 말했다.

"지도자라면 누구나 그렇게 할 거다. 선수들이 내 아들보다 어리다. 특별한 건 아니다."

그는 무의식중에 "선수들이 내 아들보다 어리다"고 말했는데, 아버지의 따뜻한 정을 엿볼 수 있다. 이러니 그에게 끌릴 수밖에.

아는 만큼 성공한다

미래학자 엘빈 토플러는 『권력 이동』에서 권력의 세 가지 유형을 폭력(暴力), 부(富), 지식(知識)으로 규정했다. 엘빈 토플러는 권력의 이동을 설명하면서 폭력을 저급한 권력, 부를 중급의 권력, 지식을 상급의 권력이라고 말했다. 21세기에는 지식이 최고의 권력이 될 것이라고 전망한 것이다.

지식과 부는 유기적으로 연결되어 있다. 지식을 쌓으면 부를 쌓을 수도 있다. 사업에 성공하고 싶다면 관련 지식부터 쌓아야 할 것이다.

얼마 전까지 스포츠 지도자들은 선수들에게 스파르타식 훈련을 강요해 왔다. 일부 지도자들은 선수들에게 폭력을 가하기도 했다. 다행히 최근에는 이러한 폭력적인 방법을 피하는 추세다.

박항서 감독은 베트남의 그 어떤 감독보다 축구에 대한 지식이 있다. 그는 그 지식을 토대로 베트남 축구를 한 단계 발전시켰다. 일례로 스즈키컵 대회 기간 동안 그는 거의 매일 새벽까지 전략을 세우고 검토했다. 선수들의 데이터를 하나하나 살피면서 라인업이나 전술을 검토했다. 1 대 0으로 이기고 있을 때, 무승부를 기록하고 있을 때, 지고 있을 때 등에 필요한 교체선수 투입시기를 후반전 30분, 35분 등으로 구분하며 세밀하게 짜놓았다.

그의 용병술이 빛난 것은 스즈키컵 결승전이다. 박항서 감독은 스즈키컵 결승전 1차전에서 하 득 찐과 응우옌 후이 홍 등을 라인업에 포함시켰다. 대신 응우옌 아인 득을 비롯한 주전 미드필더 여럿을 대기시켰다. 그는 원정경기인 결승전 1차전에서 최소한 비기기를 원했고, 베트남에서의 홈경기에 전력을 다할 전략이었다.

그의 전략대로 1차전에서 무승부를 이루었고, 베트남에서의 홈

경기에서 웅우옌 아인 득을 투입해 극적인 승리를 거둔 것이다.

지식의 중요성을 이야기할 때마다 종종 거론되는 인물은 세종대왕이다. 세종대왕은 한글을 창제해 누구나 글을 읽고 쓸 수 있는 지식 사회로 이끌었다. 뿐만 아니라 집현전을 설치해 학문을 발전시켰고, 인재들을 적재적소에 임명해 국정을 태평성대로 이끌었다. 그런데 세종대왕이 이러한 왕이 될 수 있었던 것은 바로 독서 덕분이었다.

세종대왕은 학문을 좋아하는 호학가(好學家)이자 독서광이었다. "과거 선조께서 『소학』의 가르침에 늘 마음을 두셨으므로 내가 9세 이전에 이 책을 다섯 번 강독하였는데, 매 차례마다 규정을 두어 100번 이상을 읽었다. 그러므로 36년이 지난 지금에 와서 구두로 점검해 보아도 처음 배우던 그때처럼 생생하기만 하다."

이는 세종이 직접 한 말이다. 『소학』은 조선시대 때 어린이들이 읽은 책인데, 세종은 어릴 적부터 이 책을 100번 이상 읽었다고 고백한 것이다.

세종은 어린 시절부터 왕자의 신분으로 자라기 시작했다. 그의 첫째 형인 양녕대군은 세자에 책봉되어 서연에서 학문을 배우기 시작했다. 그러나 둘째 형인 효령대군과 세종은 대군저에서 '면무식'이라고 하여 글자나 읽게 하는 수준의 공부를 했다. 세자는 제왕학과 치도에 대해 배웠으나 세종은 일반 학문을 배웠다. 그런데 세종을 성군으로 만든 데에는 '이수(李隨)'라는 스승이 있었다.

"스승님, 왕자는 벼슬을 할 수도 없고 정치를 해서도 안 되는데, 어찌 학문을 하라고 하십니까?"

세종은 『소학』을 백 번이나 읽으라는 스승 이수에게 대들며 항변했다.

"왕자라고 해서 백성을 스승으로 삼지 말라는 법은 없습니다."

이수는 양미간에 깊은 주름살을 그렸다.

"백성을 스승으로 삼다니요? 그것은 군주가 할 일이 아닙니까?"

"백성을 섬기는 것은 진정한 성인의 도리입니다. 나는 대군께 군주가 되는 것을 가르치는 것이 아니라 성인이 되는 길을 가르치고 있는 것입니다."

세종은 스승 이수의 말을 깨닫는 데 오랜 세월이 걸렸다. 공부를 누가 즐겨하겠는가. 그러나 이수는 세종에게 『소학』을 백 번씩 읽게 하고 예(禮)를 가르쳤다. 성현의 길에 이르는 것은 주공(周公)의 주례(周禮)를 배우는 것이라고 누누이 당부했다. 주공의 주례는 학문의 완성을 의미하는 것이었다.

"주례를 배우기 위해서는 많은 학문을 해야 합니다."

이수의 영향을 받아 세종은 많은 책을 섭렵하게 되었다. 당시의 선비들은 경전만 읽었는데, 세종은 역사서까지 닥치는 대로 읽었다. 그가 어찌나 책을 많이 읽었는지, 태종이 세종에게 병이 생길 것을 우려해 책을 모두 치워버린 일도 있었다.

세종이 조선시대 최고의 성군이 될 수 있었던 것은 임금이 된 뒤에도 끊임없이 책을 읽었기 때문인데, 그를 독서가로 만든 것은 바로 스승 이수였다. 좋은 스승이 왜 중요한지 알 수 있는 대목이다.

베트남 선수들에게 박항서 감독은 좋은 스승이다. 평생 동안 쌓아온 축구 지식을 선수들에게 아낌없이 나눠주기 때문이다.

박항서 감독은 아는 만큼 성공한다는 이치를 잘 아는 사람이다. 그는 김호 감독이나 히딩크 감독과 같이 축구대표팀을 지도하면서 중요한 것들을 일일이 수첩에 메모했고, 그렇게 메모한 것들은 지식으로 쌓였다.

또 2002년 월드컵 당시에 수석코치를 하면서 히딩크 감독을 통해 한국과 다른 유럽의 코칭 스타일을 익히게 되었다. 일례로 박항서 감독은 히딩크 감독을 통해 축구감독이라면 축구 전술과 기술 훈련뿐만 아니라 운동장 밖에서의 전술도 신경 써야 한다는 것을 배우게 되었다.

히딩크 감독은 2002년 월드컵 당시에 이탈리아와 16강전 경기를 앞두고 선수들에게 비디오를 보여주며 이탈리아 선수들의 경기 스타일을 알려주었다.

"이탈리아 선수들은 팔꿈치 가격을 종종 한다. 맞았다고 절대 흥분하지 마라. 가격당하면 넘어지고 뒹굴어라. 또 주장이 심판에게 강력히 어필해야 한다!"

히딩크 감독이 선수들에게 지시했다.

그리고 히딩크 감독은 축구협회 관계자도 불렀다. 그를 붉은 악마 리더에게 보내 "이탈리아 선수들이 반칙을 하면 심한 야유를 하라"고 요구했다. 히딩크 감독은 승리를 위해 응원단까지 이용한 것이다. 그의 전술에 의해 붉은 악마는 12번째 태극전사가 되어 이탈리아 선수들이 반칙할 때마다 야유를 보냈다. 경기장을 가득 메운 붉은 악마들의 함성에 이탈리아 선수들은 위축된 경기를 펼쳤고, 토티 선수가 퇴장을 당하기도 했다. 한국은 16강전에서 이탈리아를 꺾고 8강에 올랐다.

박항서 감독은 히딩크 감독 등에게 얻은 경험과 지식을 토대로 베트남 선수들을 지도하고 있다. 좋은 경험과 지식은 돈을 주고서라도 얻어야 한다. 우리는 그러기 위해 어려서부터 비싼 교육비를 지출하면서 학교나 학원에 다니지 않았는가? 경험과 지식이 풍부한 리더는 구성원들의 지지를 받는다. 박항서 감독에게는 좋은 경험과 지식이 있기 때문에 베트남 선수들이 선생님처럼 따르고 있다.

어느 조직에서든 구성원들은 무능한 리더를 따르지 않는다. 대학교를 예로 들면 학생들은 해마다 똑같은 내용의 강의를 하는 교수보다 새로운 내용을 소개하는 교수가 유능하다고 생각한다.

기업가의 경우에는 그 누구보다 해당 산업과 관련된 정보와 지식을 갖춰야 한다. 물론 기업 내에는 각 분야의 전문가가 있기는 하지만 기획이든 영업이든 마케팅이든 비즈니스와 관련된 지식을 두루 갖춰야 한다. 잘 알지도 못하면서 직원들에게 이래라 저래라 한다면 누가 따르겠는가?

한편, 박항서 감독은 베트남 선수들과 스킨십을 자주 하는데, 많은 사람들이 그가 베트남어도 모르고 영어도 모르기 때문에 스킨십을 하는 것으로 알고 있다. 하지만 사실은 그렇지 않다. 대한체육회TV에 따르면 박항서 감독은 영어를 유창하게 할 수 있다.

히딩크 감독이 월드컵대표팀 감독으로 2000년에 부임했을 때 박항서 수석코치를 비롯해 한국인 코치들은 영어를 할 줄 몰랐다. 히딩크 감독은 축구인이 영어를 못 하면 문제가 있다고 보았다. 국제경기를 수없이 치러야 하는데, 코칭스태프나 선수 모두 영어를 해야 외국 언론과 인터뷰를 할 수 있다고 생각한 것이다. 또 지도자라면 해외에서 열리는 선수 지도 관련 세미나에 참석해야 하므로 영어는 필수적으로 알아야 했다.

박항서 감독을 비롯해 한국인 코치들은 비로소 영어를 공부했다. 박항서 감독은 처음에는 단어 위주로 말하는 소위 '조각영어(broken english)'를 하게 되었지만 어느 정도 시간이 흐르자 유창하게 영어를 구사할 수 있었다. 그는 누구보다도 열심히 했다. 선수들과 함께 훈련하는 시간 외에는 영어 공부에 전념했다.

박항서 감독은 베트남 선수들에게도 영어를 공부하도록 했다.

"선수들도 영어를 해야 한다. 심판에게 항의할 때도 영어를 해야 하고, 유럽에 진출하려고 해도 영어를 해야 한다. '글로벌 시대'다. 더 넓은 곳에서 기회를 펼치려면 영어는 필수다."

박항서 감독의 말이 베트남 선수들을 움직였다. 베트남 선수들은 삼삼오오 모여 영어 공부를 했다.

"깜짝 놀랐습니다. 선수들이 모여 인터넷으로 영어 공부를 하더군요. 너무 잘하고 있다고 박수를 쳐주었습니다."

대한체육회TV를 통해 박항서 감독이 한 말이다. 여하튼 베트남 선수들은 영어로 인터뷰를 하면서 경기에도 더욱 자신감을 보였다. 심판에게 자신의 의견을 직접 전달할 수 있는 것은 물론 여러모로 도움이 되기 때문이다.

끝으로 박항서 감독에게는 지장의 모습뿐만 아니라 성실함까지 엿볼 수 있다. 그는 그 누구보다 성실한 리더인데, 이러한 그를 지켜보는 선수들은 더 열심히 하려 한다.

"많은 사람들이 성공에 이르는 지름길과 비법, 특효약을 찾느라 적지 않은 시간을 소모합니다. 베트남에서 제가 거둔 성과는 가장 평범하게, 기본부터 철저히 챙기고 노력한 결과입니다. 지금 이 시간에도 힘들어하는 한국의 젊은이들에게 들려주고 싶은 이야기가 있습니다. '성공으로 가는 로열로드(royal road)를 찾느라 귀한 시간을 허비 말라'는 것입니다. 노력은 배신하지 않습니다."

한국 언론과의 인터뷰에서 박항서 감독은 '성실함과 노력이 성공의 지름길'이라고 말한 것이다.

리더라면 구성원의 잠든 역량을 깨워야

토니 로빈스(Tony Robbins)는 미국의 저명한 심리학자이자 자기계발서 작가인데, 그의 저서인 『네 안에 잠든 거인을 깨워라』는 전 세계에서 수백만 권이 팔린 베스트셀러다. 그는 이 책에서 자기 안에 있는 거인을 일깨우는 방법을 이야기하고 있다.

사람은 누구나 잠재력을 갖고 있다. 잠재력은 겉으로 드러나지 않아도 내 안에 깊이 숨어 있다. 박항서 감독이 사령탑을 맡기 전에도 베트남 축구대표팀 역시 어느 정도 실력은 갖추고 있었다. 그들 중에는 어릴 적부터 유럽에서 축구를 배운 선수들도 있었다.

그러나 국제경기에서 우승하지 못했기 때문에 "체력이 약하다", "개인기가 약하다" 등 온갖 비난을 받고 있었다. 박항서 감독은 2017년 10월 11일 낮 12시에 베트남 축구협회에서 기자회견을 했다.

"나를 선택한 베트남 축구협회에 감사드린다. 베트남 축구를 위해 내가 갖고 있는 모든 지식과 철학 그리고 열정을 다하겠다."

박항서 감독은 취재진에게 이와 같은 서두 발언을 했다. 그는 조직력을 극대화하는 축구, 기동력 있는 축구, 공격적인 축구로 베트남 축구를 동남아시아 정상은 물론 아시아의 정상급으로 만들겠다고 약속했다. 그러나 베트남 언론은 시큰둥했다. 베트남 축구협회가 한국의 3부 리그 감독을 데려왔다고 혹평했다.

하지만 박항서 감독의 에이전트인 디제이매니지먼트의 이동준 대표는 다르게 생각했다. 그는 박항서 감독의 역대 승률이 68%에 이른다는 데이터를 가지고 베트남 축구협회에 적극적으로 추천했다. 게다가 박항서 감독에게는 약팀을 강팀으로 만드는 특별한 능력이 있었다.

박항서 감독은 베트남 축구대표팀 감독에 부임하자마자 선수들을 파악했다. 그들이 경기하는 것을 지켜보니 체력도 좋고 개인기도 나쁘지 않았다.

'이 정도면 동남아 정상권이라고 할 수 있는데······.'

박항서 감독은 선수들 속에 잠들어 있는 거인부터 깨워야겠다고 생각했다. 그것은 승리할 수 있다는 자신감과 베트남인으로서의 자부심이었다.

베트남 축구는 올림픽은 물론 아시안게임에서 크게 두각을 나타내지 못했을 뿐 아니라 동남아시아에서도 약체로 불리고 있었다. 그동안 베트남 축구협회는 고육책으로 외국인 감독까지 초빙했지만 대부분 좋은 성적을 내지 못하고 보따리를 싸야 했다.

'외국인 감독의 무덤', 축구인들이 베트남 축구대표팀을 일컬어 하는 말이었다. 그러나 박항서 감독은 부임한 지 불과 한 달 만에 태국을 격파하면서 베트남 국민들을 깜짝 놀라게 했다.

"체력이 약하다." 이 말은 베트남 선수들에게 따라붙는 수식어였다. 박항서 감독은 이 말을 배척했다.

'체력이 약하면 강해지면 된다.'

그는 선수들의 체력을 강화시켰다. 웨이트 트레이닝으로 상체 훈련을 시켜 몸싸움에서 지지 않게 했고, 선수들을 120분에 맞춰 뛰게 만들었다. 베트남 선수들은 그동안 경기시간인 90분에 맞춰 훈련받았기 때문에 실제 경기에서 75분 정도가 되면 체력이 급속도로 떨어져 운동장에서 걸어 다니곤 했다.

또한 선수들에게 마인드 컨트롤을 시켰다. 박항서 감독은 선수들에게 왜 열심히 뛰어야 하는지를 역설했다. 나 자신, 가족, 선수들을 응원하는 팬과 국민들 그리고 국가대표이니 국가를 위해 열심히 뛰라고 요구했다. 그동안 잠들어 있던 자신감과 자부심을 깨우자 실력이 향상되었다.

그렇다면 회사 등에서 구성원들의 잠재력을 일깨우기 위해서는 어떻게 해야 할까? 닐 도쉬와 린지 맥그리거가 쓴 『무엇이 성과를 이끄는가』라는 책에는 성과를 이끄는 3가지 요인이 소개되어 있다. 성과를 이끄는 3가지 요인은 다음과 같다.

- 일의 즐거움을 아는 것
- 일의 의미를 아는 것
- 일의 성과를 아는 것

일 자체를 즐기는 직원들은 일의 진정한 의미를 알 것이고, 그런 직원들이 하는 일은 당연히 성과로 이어진다.

예를 들어 구글이 원하는 최고의 리더가 되려면 직원들로 하여금 즐거움 동기(직원들에게 권리와 힘을 제공), 의미 동기(명확한 비전 설정), 성장 동기(목표를 이룰 수 있도록 팀원을 돕고 훌륭한 코치 역할을 수행)를 일으켜야 한다. 구글은 세계 각국의 매니저(리더)들이 구성원들에게 동기부여를 하는 방법 등을 서로 공유하는 자리를 마련했다. 매니저들을 대상으로 공개 토론회를 열어 직원을 관리하는 방식을 서로 공유하는 자리를 마련했고, 세계 각국의 매니저들이 온라인을 통해 생각을 공유하는 문화를 만들고 있다.

시간을 지배하는 리더가 세상을 지배한다

2003년에 『아침형 인간』이라는 책이 돌풍을 일으켰다. 짧은 기간에 그렇게 많이 팔린 책도 드물어서 베스트셀러가 된 뒤에도 뒷이야기가 무성하게 나돌았다. 그 책을 구입한 독자들 중에는 아침에 일어나면 성공할 것 같다는 막연한 예감이 들었기 때문에 책을 샀다는 사람도 있었다.

그렇다면 아침에 일찍 일어나면 성공할까? 결론을 말하자면 아침에 일찍 일어난다고 해서 반드시 성공하는 것은 아니다. 아침에 일찍 일어나는 것이 중요한 것이 아니라 아침에 일어나서 무엇을 하느냐가 관건이다.

시간은 흐르는 물과 같다. 결코 멈추지 않고 흘러간다. 우리는 흔히 아무것도 하지 않고 시간을 보낼 때 '시간을 보낸다'고 말한다. 우리 대부분은 인생의 3분의 1을 잠자는 데 보낸다. 그렇다고 이 시간이 무의미한 것은 아니다. 충분히 잠을 자고 휴식을 취하지 않으면 다음 날에 열심히 일할 수 없다. 그런 까닭에 잠자는 시간은 반드시 필요하다.

그런데 잠도 자지 않으면서 무의미하게 흘려보내는 시간이 의

외로 많은 것이 문제다. 이런 시간이 인생의 3분의 1을 차지하고, 나머지 3분의 1만 일하는 데 사용한다. 우리는 하루 평균 8시간을 일하고 있는데, 주5일 근무와 공휴일 등을 고려한다면 일주일에 고작 40시간 정도만 일한다. 일주일을 시간으로 환산하면 168시간이고, 168시간 중 40시간만 일하고 있는 셈이니, 엄밀히 말하자면 4분의 1가량만 일하는 데 사용하는 것이다. 그런데 정작 그 시간 중에서 일하는 데 집중하는 시간은 얼마나 될까?

러시아의 곤충학자인 알렉산드로비치 류비셰프는 시간을 잘 활용한 것으로 유명하다. 그는 시간을 잘 활용하는 것으로도 모자라 시간을 지배한 인물이다. 그는 한 개인이 남겼다고는 믿기 힘든 방대한 분량의 글을 집필했다. 70여 권의 학술서적과 단행본 1백여 권 분량에 달하는 논문을 남겼다.

그렇다면 그는 어떻게 시간을 지배했을까? 류비셰프는 하루에 할 일을 철저하게 메모하며 계획했다. 우리는 초등학생 때부터 방학생활계획표 등을 만들지만 대부분 계획표대로 실천하지는 않는다. 방학이 끝나갈 무렵에야 방학숙제를 하게 되고, 일기도 한꺼번에 몰아 쓰면서 왜 계획대로 하지 않았는지 후회하게 된다.

인생도 마찬가지다. 처음에 계획을 세워놓고 실천하지 않으면 나중에 후회하게 되는 것이다. 그러므로 원하는 것을 얻기 위해서는 계획대로 실천해야 한다.

류비셰프는 출퇴근하는 시간 등 자투리 시간까지 이용한 사람이었다. 그는 이동하는 시간에도 책을 읽었다. 이동하는 시간에 책을 읽을 수도 있지만 기획안을 구성할 수도 있고 마케팅 계획을 세울 수도 있다.

시간을 잘 활용하기 위해서는 집중력이 필요하다. 책상 앞에 오래 앉아 있다고 일을 잘하는 것이 아니다. 그 시간에 얼마나 일에 집중하느냐가 중요하다.

류비셰프는 매일매일 시간통계표를 작성했다. 하루에 4시간의 여유 시간을 만들었다면 그 시간에 무엇을 했는지 통계표를 작성해 점검해 본 것이다. 만약 아침에 한 시간 동안 영어 공부를 하기로 한다면 듣기, 쓰기 등을 얼마나 했는지 작성해야 한다. 왜 그렇게 해야 할까? 우리는 기계가 아니니만큼 우리가 세운 계획을 매일매일 실천하기는 힘들다. 자신이 세운 계획을 얼마나 실천했는지 알아보기 위해 자기검열이 반드시 필요하다.

시간통계표를 정확하게 작성해야 하는 이유는 하고자 하는 일에 집중하기 위해서다. 영어를 공부하기로 했는데 아침 7시부터

8시까지 계획해 놓고 실제로는 15분만 하고 텔레비전을 시청했다면, 영어 공부를 한 시간과 텔레비전을 시청한 시간을 함께 기록해야 한다. 한 달이 지나면 그 시간에 영어 공부를 몇 분이나 하고 텔레비전을 얼마나 시청했는지 알게 될 것이다.

류비셰프는 1890년에 러시아의 상트페테르부르크에서 태어났다. 그가 살아간 시대는 격동의 시대였다. 그는 제1차 세계대전과 러시아혁명, 제2차 세계대전 등을 겪었고, 1972년에 82세로 일생을 마쳤다.

류비셰프는 1분 1초를 아껴 썼지만 그렇다고 각박한 인생을 산 것은 아니었다. 각종 공연을 하는가 하면 수영을 즐겼고, 문학서적을 탐독했다. 가족들과 즐거운 대화를 하기도 했다. 다만 자신이 사용한 시간을 철저하게 기록한 것이 남달랐다.

그는 한 달 동안 얼마나 많은 시간 동안 잡담을 했는지도 통계를 냈다. 하루에 30분 잡담을 한다면 한 달 30일이면 900분, 15시간이나 잡담을 한 셈이다.

동서양을 막론하고 리더라면 시간을 잘 활용해야 한다. 박항서 감독은 어떻게 짧은 기간에 베트남 축구를 발전시켰을까? 평소에 성실하게 생활하는 그는 선수들이 시간을 낭비하는 것을 용납하지 않았다. 선수들이 훈련할 때는 훈련에 집중하도록 했고, 훈련 시간 외에는 자기계발에도 열중하게 했다. 그렇다. 무슨 일이든 시간을 허투루 보내지 않을 때 성과를 얻을 수 있는 것이다.

제5부

박항서 매직, 기적은 우연이 아니다

66

너희는 체력이 나쁘지 않다.

중요한 것은 경기 체력과 자신감이다.

99

베트남에서는 박항서 매직 열풍이 불고 있다. U-23 아시안컵에서 준우승했을 때부터 박항서 매직 열풍이 불기 시작했고, 스즈키컵에서 우승했을 때 절정에 이르렀다. 그러면서 박항서 감독의 파파 리더십에 열광하게 되었다.

박항서 감독은 베트남뿐만 아니라 조국인 대한민국도 사랑한다. 그는 베트남 언론과의 인터뷰에서 "나의 조국 대한민국을 사랑해 달라"고 베트남인들에게 요청했다. 베트남인들은 베트남 축구대표팀이 좋은 성적을 거둘 때마다 박항서 감독의 얼굴이 인쇄된 깃발과 태극기를 흔들어 보답했다.

지금 베트남에서는 한국 제품들이 불티나게 팔리고, 한국에 대한 이미지도 좋아졌다. 베트남에서 한국 기업과 한국인에 대한 이미지가 좋아지자 그는 '민간외교관'으로 불리게 되었다. 박항서 감독이 베트남에 진출하기 전부터 삼성 등 대기업이 베

트남에 진출해 있었지만 베트남인들의 마음까지 사로잡은 것
은 처음이다. 리더 한 사람의 영향력이 얼마나 큰지를 알 수 있
는 대목이다.

새는 함께 날고 리더는 함께 간다

박항서 감독은 경상남도 산청군 생초면에서 태어났다. 아버지
는 돌아가셨지만 97세의 노모는 살아계신다.

그는 4남 1녀 중 막내다. 아버지는 일본에서 대학을 졸업하고
경찰로 재직했다. 재직 중에 부상을 당해 국가유공자가 되었다.
그의 부모가 고향에서 약방을 운영한 덕분에, 그는 경제적으로
어렵게 자라지는 않았다.

명문인 진주여고와 대학까지 졸업한 그의 어머니는 교육열이
높았고, 자식들을 서울로 유학 보냈다. 박항서 감독의 고향 친구
인 박재식 씨의 동아일보 인터뷰 기사에 의하면 "박항서 감독은
어머니의 기질을 꼭 닮았다. 그의 어머니는 억척스럽고 당차면
서도 정이 많다." 그는 어려움을 겪을 때마다 고향에 계신 어머
니와 지인들을 찾아가 재도약을 준비했다.

박항서 감독은 생초초등학교와 생초중학교를 졸업하고 고등학교에 진학했다. 서울에 있는 배재고등학교에 진학하려 했으나 떨어지고 경신고등학교에 진학했다. 경신고등학교는 구한말에 설립된 유서 깊은 학교다. 김규식과 안창호 등 독립운동가가 다녔던 명문 고등학교다.

박항서 감독은 공부도 곧잘 했지만 축구가 하고 싶었다. 2학년 1학기가 되자 마침내 축구선수가 되었다. 당시에 166센티미터의 단신이었기 때문에 축구선수가 되기는 힘들었다. 다행히 경신고등학교 축구감독인 이경이 감독과 그의 매형이 친구였기 때문에 축구부에 가까스로 들어갈 수 있었다. 그래도 뒤늦게 축구부에 들어갔기 때문에 벤치에 앉아 있어야 했고, 3학년이 되어서도 주전에서 밀려날 수밖에 없었다.

박항서 감독은 호적을 고쳐 1958년생에서 1959년생이 되었다. 덕분에 고등학교 3학년을 1년 더 다니면서 본격적으로 축구선수로 활동했다. 한 학년을 더 다니는 것이 이상해 보이겠지만 당시에는 비일비재한 일이었다.

박항서 감독은 3학년 생활을 2년이나 하면서 악바리처럼 열심히 뛰었다. 다른 선수들보다 늦게 시작했기 때문에 두 배 이상 열심히 하지 않으면 안 되었다. 그는 하루 종일 축구공과 함께 지냈다.

그는 시골 고향에서도 줄곧 뛰어다녔기 때문에 달리기 실력만큼은 누구보다 뛰어났다. 경기장에서 쉬지 않고 달렸기 때문에 '밧데리'라는 별명도 얻었다. 고등학교 3학년 때에는 청룡기대회에서 결승골을 넣어 우승컵을 안기도 했다.

1977년이 되자 한양대학교에 진학했다. 불도저 같은 투지와 왕성한 활동량을 인정받아 1978년에 제20회 아시아 청소년 축구대회에서 대표선수로 선발되어 주장이 되었다. 그는 방글라데시에서 열린 20세 이하 아시아 청소년 축구대회 준결승전에서 북한과 만났다. 경기는 전후반전이 모두 끝날 때까지 무승부를 이루어 승부차기를 하게 되었다.

이때 박항서 감독은 팀의 주장이었기 때문에 1번 키커로 나섰다. 골인을 성공시켜 북한의 골문을 흔들었다. 한국은 북한을 6 대 5로 이겼고, 결승전에서도 이라크에 승리해 한국에 돌아와 카퍼레이드를 하기도 했다.

박항서 감독이 한양대학교에 다닐 때 정국은 소용돌이치고 있었다. 1979년에 유신헌법 반대 투쟁이 격화되고 부마항쟁이 일어나더니, 급기야 10월 26일에 대통령이 시해되는 일까지 벌어졌다. 대통령 시해사건의 충격이 채 가시기도 전에 12·12사태가 터졌다. 그러자 신군부가 권력을 장악했다는 소문이 은밀하게 나돌았다.

1979년이 지나가고 1980년이 되었다. 언론에서는 1980년을 대망의 시대라고 불렀으나 어딘지 모르게 불안했다. 김대중을 비롯한 정치인들과 재야인사들이 구속되고 광주에서 민중항쟁이 일어났다. 군인들이 학생들과 시민들을 대대적으로 학살하고 있다는 소문이 들렸다. 그러나 언론에서는 그들을 폭도라고 불렀다. 1980년 5·18 광주민주화운동이 일어난 것이다.

박항서 감독은 대학교에서 축구선수를 하고 있었으나 심란했다. 곧이어 제5공화국이 수립되었다.

박항서 감독은 한양대학교를 졸업한 뒤에 1981년 실업팀인 제일은행에서 활약했다. 1981년 3월 한일정기전에서 생애 처음이자 마지막으로 국가대표로 선발되었는데, 전반 17분에 교체 투입되어 73분간 뛰었다. 그리고 육군 축구단에서 군복무를 했다.

3년간의 군복무를 마치고 전역하자 프로축구가 창설되었다. 1984년에 프로축구단 럭키금성의 창단멤버가 되어 1985년에 리그 우승을 했고, 베스트 11에 선정되기도 했다. 1986년에는 주장이 되어 팀을 준우승으로 이끌었다.

이때 럭기금성에서 함께 활약했던 선수가 이용수였다. 이용수는 훗날 축구협회의 기술위원장이 되어 한국 축구에 막강한 영향력을 발휘한다. 기술위원회는 대표팀 감독을 선임하는 등 막강한 권한을 갖고 있었다.

1986년에는 아시안게임이 열렸고, 1988년에는 서울 올림픽이 열렸다. 박항서 감독은 1988년까지 럭키금성에서 선수로 활동하다가 29세의 나이로 현역에서 은퇴했다.

선수 생활을 마친 그는 럭키금성에서 트레이너로 활약하기 시작했다. 선수 대신 지도자의 삶을 살기 시작한 것이다. 이때부터 2002년 월드컵 때까지 13년 동안 감독과 선수 사이에서 가교 역할을 성실히 해낸 그에게는 '영원한 트레이너', '영원한 코치'라는 수식어가 따라붙었다. 하지만 2002년 월드컵 이전까지 트레이너와 코치로 일했기 때문에 화려한 무대 뒤에 있어야 했다. 그의 친구 박재식 씨에 의하면 "한편으로는 '내공'이 쌓였겠지만 힘들고 외로웠을 것"이다.

사실 박항서 감독은 중등학교 교사 자격증이 있었다. 체육교사로 평생 동안 안정적으로 생활할 수 있었지만 축구 지도자를 택했다. 럭키금성에서 코치 자리를 제안받자 교사 대신 축구 지도자의 길을 묵묵히 걸었고, 결국 오늘에까지 이르게 되었다.

1994년에 그는 미국 월드컵 대표팀의 김호 감독을 보좌해 코치 생활을 했고, 1996년에 수원 삼성이 창단되자 김호 감독을 따라가 코치 생활을 했다.

김호 감독과는 자그마치 6년 동안이나 함께했다. 그는 그 기간 동안 누구보다 성실하게 일했다.

"감독님, 왜 저를 코치로 뽑았습니까?"

한 번은 박항서 감독이 김호 감독에게 물었다.

"성실했으니까. 박 선생은 항상 성실했어요."

김호 감독이 망설이지 않고 대답했다. 김호 감독은 이제 원로축구인이 되었지만 아직까지 중고등학교 선수들을 지도하고 있다.

성실한 사람은 눈에 잘 띄지 않는다. 그러나 오랜 시간이 지나면 진가가 나타난다. 김호 감독은 한 번도 얼굴을 마주한 일이 없었지만 그가 성실하다는 말을 듣고 1994년 월드컵 대표팀의 코치로 발탁한 것이다.

2001년 1월 1일, 네덜란드 출신의 거스 히딩크 감독이 월드컵 국가대표팀 감독이 되었다. 박항서 감독은 수석코치로 선임되었다.

축구협회 이용수 기술위원장은 한국인 수석코치로 박항서 감독을 추천했고, 히딩크 감독은 다른 축구인들의 추천까지 받은 뒤에야 그를 수석코치로 임명했다. 1994년 미국 월드컵 대표팀의 코치였던 이력도 히딩크 감독이 인정한 이력이었다.

코치가 하는 일은 다양하다. 수석코치는 감독과 함께 전략을 세우며, 데이터를 만들고, 훈련을 시키기도 한다. 특히 감독과 선수들 사이에서 가교 역할도 한다. 선수들은 감독에게 하기 어려운 말을 코치에게 하고, 코치는 선수들이 감독에게 야단을 맞으면 위로하고 달래준다. 감독이 근엄한 아버지라면 코치는 인자한 어머니다. 운동장에서 항상 선수들과 같이 뛰고 뒹군다.

기업의 경우에도 CEO와 직원들 사이에서 가교 역할을 수행하는 참모가 있을 테지만 CEO와 직원 개개인이 직접 소통하는 것이 바람직하다. 존 맥스웰은 『리더의 조건』에서 다음과 같이 말했다.

"리더는 반드시 사람들을 개인적으로 대해야만 한다. 각 사람에게 눈을 맞추고 그들 각각을 이해하며 관계를 갖는 능력은 대인관계의 성공에 있어 매우 중요한 요소다."

실제로 리더와 직원들의 인간관계는 생산성에도 영향을 미친다. 하버드대학교의 엘튼 메이요(Elton Mayo) 교수는 미국 웨스턴 일렉트릭(Western Electric) 회사의 호손(Hawthorne) 공장에서 1927

년부터 1932년까지 4차에 걸쳐 '호손 실험(Hawthorne Experiment)'을 실시했다.

이 실험은 원래 작업환경과 작업시간 등 물리적·육체적 작업 조건과 근무조건 등 물질적 보상이 노동생산성에 미치는 영향을 분석하기 위해 실시했는데, 노동생산성은 작업조건과 물질적 보상보다는 직장 내의 인간관계에 더 큰 영향을 받는다는 결과가 나타났다.

멀리 가려면 혼자가 아니라 함께 가야 한다. 수천 킬로미터를 이동해야 하는 철새는 다른 새들과 무리를 지어 난다. 철새가 다른 새들과 함께 날아가듯 리더는 구성원들과 함께해야 한다. 코치 생활을 오래 한 박항서 감독은 선수들과 끈끈한 유대감을 형성하는 지도자다. 박항서 감독의 파파 리더십에는 어머니 같은 유대감도 엿보이는데, 남들보다 더 오랫동안 코치 생활을 했기 때문에 그런 것이다.

2002년 월드컵 본선 첫 경기 폴란드전에서 황선홍이 첫 골을 넣고는 박항서 감독에게 달려가 포옹했다. 바로 옆에 있던 히딩크 감독은 자신에게 달려와 포옹할 것이라고 생각했는데, 박항서 감독에게 달려가자 머쓱했다. 이 광경을 보고 관중들은 어리 둥절했다. 황선홍은 훗날 MBC 예능프로그램에 출연해 비하인드 스토리를 공개했다.

"전날 박항서 선생님이 첫 골을 넣으면 나를 포옹해라, 그렇게 말했어요. 그래서 그렇게 하겠다고 그랬죠. 골을 넣고 아무것도 보이지 않았어요. 달려가다가 이게 아니다 싶어 되돌아와서 박항서 선생님에게 달려가서 포옹했죠."

황선홍이 밝힌 이야기다. 그러나 박항서 감독의 이야기는 좀 다르다. 기억은 조금씩 왜곡되는 모양이다. 폴란드전 바로 전날에 박항서 감독은 주전 출전선수들에게 차례차례 전화했다. 선수들은 누가 주전 멤버로 출전하는지 몰랐지만 그는 출전선수 명단을 알고 있었기 때문에 격려해 주고 싶었다. 출전선수 11명에게 일일이 격려 전화를 하다가 황선홍과 통화하기에 이르렀다.

"박 선생님, 제가 출전합니까?"

황선홍이 다짜고짜 물었다. 박항서 감독은 깜짝 놀랐다. 누구도 자신이 출전선수냐고 물은 선수는 없었다. 그런데 황선홍은 자신의 몸 상태가 너무 좋다고 말했다. 박항서 감독은 황선홍에게 출전선수라는 말을 하지 못하고 만약에 내일 출전해 골을 넣게 되면 부인을 위해 세리머니를 하지 말고 벤치를 위해 세리머니를 해달라고 말했다. 얼마 전에 안정환이 부인을 위해 세리머니를 하는 것을 보고 벤치에 해주면 어떨까 싶었던 것이다.

이튿날 황선홍이 폴란드전에 출전해 골을 넣었다. 그는 너무나 기뻐서 정신없이 달리다가 박항서 감독과 통화한 것이 생각났다. 무의식적으로 박항서 감독에게 달려가 격렬한 포옹을 하고 기쁨을 나누었다.

박항서 감독은 당황했다. 히딩크 감독은 머쓱해했다. 박항서 감독은 나중에 세리머니의 진상에 대해 히딩크 감독에게 말해주었다.

"감독님, 오해하지 마세요. 벤치를 향해 세리머니를 하라고 했는데…."

여하튼 박항서 감독은 2002년 월드컵 당시에도 선수들에게 선생님이라고 불릴 정도로 존경받았다.

평판에 연연하지 말고 묵묵히 길을 걸어야

2002년 월드컵은 한국과 일본에서 열렸다. 그 누구도 2002년 6월에 한국이 붉은 물결로 뒤덮일 것이라고 예상하지 못했다.

서울 올림픽에서 국민들이 열광하는 것을 지켜본 박항서 감독은 스스로에게 최선을 다하자고 다짐했다. 2002년 월드컵은 박항서 감독의 인생에서 큰 변화가 올 수 있는 대회였다. 월드컵은 평생에 한 번 자기네 나라에서 열리기 어렵다고 한다. 월드컵이 열리는 것도 어려운 일인데, 전 국민이 지켜보는 가운데 개최국의 대표팀 수석코치로 참여하게 된 것이다.

박항서 감독은 월드컵 본선에서 수석코치로 활약하는 것이 자신의 축구 인생에서 다시 오기 힘든 기회라는 것을 누구보다도 잘 알고 있었다. 미국 월드컵에 참가했을 때 월드컵이 전 세계에서 얼마나 인기 있는 대회인지 실감했다. 한국에서 열리는 대회에서 수석코치로 참여하게 되었으니 누구보다 기뻤지만 그 기쁨을 마냥 누리고 있을 수는 없었다. 히딩크 감독은 선수들을 파악하기 위해 분주했고 체계적인 훈련을 준비하고 있었다.

박항서 감독은 프로축구팀에서 코치 생활을 했기 때문에 선수들을 대부분 파악하고 있었다. 스타선수들도 많았고 노장선수들도 많았다. 황선홍, 홍명보, 유상철 같은 선수들은 이미 월드컵 본선에도 출전한 경험이 있었다.

히딩크 감독은 대표팀 감독에 부임하자 코칭스태프와 상견례를 가졌다. 그는 과학적인 축구, 공격적인 축구를 도입하겠다고 선언했다. 그는 1998년 프랑스 월드컵에서 네덜란드를 4강으로 이끈 감독이었다. 박항서 감독은 그에게 배울 것이 많을 것이라고 생각했다.

히딩크 감독은 한국 축구를 살피기 위해 K리그 시합을 관전하기 시작했다. 그는 오로지 경기력 위주로 대표선수를 선발하기 시작했다. 경험이나 스타성, 나이는 전혀 고려하지 않았다. 박항서 감독은 히딩크 감독과 함께 다니면서 선수들의 장단점을 파악하는 데 주력했다.

히딩크 감독은 대표팀의 실력을 파악하기 위해 프랑스, 체코와 잇달아 평가전을 가졌다. 한국 대표팀은 프랑스와 체코에 잇달아 5 대 0으로 패했다. 축구인들과 팬들은 실망했지만 그는 장기적인 훈련계획을 세웠다.

"한국 축구는 세계인들을 놀라게 할 것이다!"

히딩크 감독은 자신 있게 말했다. 박항서 감독은 옆에서 지켜보면서 불안했다. 축구는 실력으로만 이길 수 없을 때가 많다. 그가 어떤 성과를 이룰지 알 수 없었다. 한국의 축구인들은 월드컵 본선에서 16강에 진출하는 것을 목표로 했다. 한국은 아직까지 본선에서 한 경기도 승리한 적이 없었다. 그러니 16강에 진출하기만 해도 충분히 목적을 이룬 셈이다.

월드컵 본선은 지역 예선을 거친 32강이 싸우는데 16강까지는 조별리그전으로 거행되었다. 16강 이후부터는 토너먼트로 싸우게 된다. 대표팀이 평가전에서 5 대 0으로 계속 패했을 때 축구인들과 언론은 히딩크 감독을 맹렬하게 비난했다. 축구협회의 게시판에 올라온 글을 동아일보가 인용해 보도했다.

"히딩크 감독은 한국에 왔으면 한국인이 되어야 한다."

"프랑스 월드컵에서 네덜란드가 한국을 5 대 0으로 눌렀던 것을 시작으로 축구계에는 '5 대 0은 히딩크 스코어'라는 신조어가 생겨났다."

2001년 8월 29일에 발표한 문화일보의 기사도 살펴보자.

"이전 감독 때보다 더 나빴으면 나빴지, 결코 그냥 마음을 놓을 수 없는 상황이다. 프랑스 월드컵 당시 아시아지역예선에서 승승장구했던 차범근 감독이 히딩크 감독이 이끌던 네덜란드대표팀에 0 대 5로 패하면서 벨기에와의 마지막 경기를 남겨두고 대회 도중 물러난 것을 고려하면 히딩크는 벌써 두 번은 경질의 위기를 맞은 것이나 마찬가지이다. 차범근 감독이나 허정무 감독이 '빅 이벤트'를 앞두고 준비기간에 0 대 5의 참패를 두 차례나 당했다면 과연 온전할 수 있었을까. 결코 아니었을 것이다."

2002년 2월 3일에 발표한 스포츠조선의 기사도 살펴보자.

"거스 히딩크 대표팀 감독이 '중도 퇴진'의 위기에 직면했다. 졸전을 거듭한 북중미 골드컵대회를 계기로 대한축구협회 최고

위층에서 히딩크 감독의 지도 능력에 대한 회의론이 고개를 들고 있는 것. 북중미 골드컵대회에 참가 중인 대표팀의 고위 관계자는 3일(한국 시간) 캐나다와의 3, 4위 결정전에서 1 대 2로 역전패 당하자 '이번 대회를 계기로 히딩크 감독의 입지가 크게 약화된 셈'이라며 '이미 히딩크 감독의 능력에 대한 재검토가 축구협회 내부에서 시작된 것으로 알고 있다'고 털어놓았다."

히딩크 감독은 자신에 대한 비난이 거세지는데도 아랑곳하지 않았다. 리더라면 일희일비(一喜一悲)해서는 안 된다. 결실을 거둘 때까지 주위의 쓴소리를 견디고 기다리는 지혜가 필요하다. 리더라면 호시우보(虎視牛步), 사물을 바라볼 때는 호랑이처럼 예리하지만 천 리를 나아갈 때는 소처럼 우직해야 한다. 리더는 평판에 연연하지 않고 묵묵히 자기 길을 걸어야 하는데, 히딩크는 좋은 리더였던 것이다.

"내가 외국인이라서 좋은 점은 한국에서 나를 비난하는 말을 알아들을 수 없고, 나를 비난하는 기사를 읽을 수 없다는 사실이다."

히딩크 감독은 비난 여론에 아랑곳하지 않고 자신의 믿음에 따라 선수들을 지도했다. 대표팀 감독을 맡자마자 그는 베어벡 등 외국인 코치들을 데려왔고, 한국인 코치들로 박항서, 정해철 등을 임명했다. 월드컵이 임박했을 때는 의료팀, 홍보팀까지 구성해 코칭스태프가 자그마치 20여 명에 이르렀다. 그러나 감독으로 부임한 초기의 평가전에서 비난을 받았다.

'평가전인데 언론이 난리네.'

박항서 감독은 신문과 방송의 보도를 보면서 씁쓸했다. 히딩크에 대한 비난은 자신에 대한 비난이기도 했다.

그는 히딩크 감독의 지도법을 주의 깊게 살폈다. 그는 유럽식으로 선수들을 지도하려고 했다. 대표선수를 선발할 때 코치들의 의견을 듣기는 했으나 자신이 직접 선발했고, 축구협회의 간섭은 절대로 허락하지 않았다. 그는 선수들의 경력이나 스타성에는 전혀 관심을 보이지 않고 오로지 선수의 경기력만 고려했다.

문제점을 알아야 개선점이 보인다

지금 우리는 경기불황으로 위기를 맞고 있다. 우리나라에는 600만 명 이상이 자영업자로 살아가고 있는데, 지난해 자영업 폐업율은 90%에 육박했다. 10곳이 창업하면 1곳만 살아남는 셈이다. 중소기업과 강소기업 등도 힘든 것은 마찬가지다. 국내 제조업 가동률은 2011년 80.5%, 2013년 76.5% 2015년 74.4%, 2017년 72.6%로 매년 하락하고 있다.

현장에서는 경기불황을 더 뼈저리게 느끼고 있다. 한국경제연구원은 매출 1000대 기업을 대상으로 2019년 경기 전망을 조사했는데, 응답 기업 176개사 중 51.1%가 "2019년 경기가 악화할 것"이라고 응답했다. "전년과 비슷할 것"이라고 응답한 기업은 44.3%, "전년보다 개선될 것"이라고 전망한 기업은 4.6%에 그쳤다.

그렇다면 우리에게 처한 이 위기를 어떻게 극복할 수 있을까?

문제점을 알아야 개선점이 보이는 법이다. 인기 방송프로그램인 '백종원의 골목식당'은 장사가 안 되어 문 닫을 위기에 처한 사장들에게 문제해결책을 제시해 준다. 백종원 대표는 우선 메뉴, 조리법, 고객 서비스 등 기존의 방식에 어떤 문제가 있는지부터 살핀다. 그러고 나서 개선점을 발견해낸다. 문제점을 개선한 가게는 '파리만 날리던 가게'에서 '인산인해를 이루는 가게'로 기사회생한다.

열심히 한다고 해서 좋은 결과가 나타나는 것은 아니다. 사람이든 기업이든 성장하기 위해서는 문제점부터 알아야 한다. 문제점을 잘 파악하고 해결책을 마련해야 일취월장할 수 있는 것이다. 자신의 단점을 파악하고 이를 개선하는 해결책을 스스로 찾아낼 줄 안다면, 당연히 좋은 결과로 이어질 수밖에 없다.

히딩크 감독은 한국 선수들의 문제점부터 파악했는데, 체력이 아니라 경기력이 문제라고 보았다. 그는 국내 경기를 일일이 관람하고 선수들을 발탁했다. 물론 경력 있는 선수들이나 스타선수를 선호하지 않았다. 그는 경기력이 뛰어난 선수를 대표선수로 선발했다. 축구의 기본은 경기력이라고 생각했기 때문이다.

리더라면 원칙도 지켜야 한다. 구성원들과 함께 세운 원칙이 깨지는 순간 그 조직은 혼란에 빠지고 산산조각난다. 히딩크 감독은 자신의 원칙을 집요하게 지키려 했다. 그가 고집한 원칙은 '불필요한 개인플레이는 절대로 안 된다'였다. 그는 특히 김병지 선수의 돌출행동에 대해 크게 분노했다. 김병지 선수는 1998년 프랑스 월드컵에서 눈부시게 활약했다.

히딩크 감독은 한국 축구대표팀 감독이 되자 김병지 선수를 골키퍼로 선발했다. 2001년 칼스버그컵 파라과이전 때 골키퍼인 김병지 선수가 공을 몰고 가다가 파라과이 미드필더 구스타보에게 빼앗기는 아찔한 돌출행동을 했다.

"저게 뭐야? 골키퍼가 어디를 나와?"

히딩크 감독은 노발대발했고 김병지 선수는 더 이상 주전선수로 뛸 수 없었다.

박항서 감독은 히딩크 감독과 함께 한국 선수들의 체력 훈련에 집중했다. 한국 선수들은 그동안 전후반 90분 경기를 소화할 수 있는 경기 체력이 부족했다. 후반에 이르면 체력이 급격하게 떨어졌다. 축구경기는 90분 동안 하지만 히딩크 감독은 선수들 모두가 120분을 뛸 수 있도록 훈련을 강화하고, 45분을 뛴 뒤에 10분 쉬는 동안 회복력이 얼마나 있는지 살피기도 했다. 회복력이 부족하면 그에 맞는 훈련을 했다.

히딩크 감독은 체계적이고 강한 체력 훈련에 돌입했다. 선수들끼리 치열하게 경쟁하도록 했다. 선수들에게는 어깨를 부딪치거나 태클했을 때 밀리지 않은 힘이 필요했다.

히딩크 감독은 선수들에게 체계적인 훈련을 시키는 한편 전술 이해도를 높이기 시작했다. 선수들이 상대 공격수를 압박해 실수를 유도하게 하는 방법, 골 결정력을 높이는 방법, 조직력을 강화하는 방법을 몸에 익힐 때까지 훈련시켰다.

2001년이 지나고 2002년이 밝았다. 월드컵이 열리는 해라 언론은 새해 첫날부터 월드컵에 대해 다루었고 국민들의 관심도 높아져 갔다.

히딩크 감독은 철저하게 경기력을 향상시키는 훈련을 시켰다.

유럽 선수들이나 남미 선수들에 비해 한국 선수들의 경기력이 현저하게 떨어진다고 판단했기 때문이다. 그는 체력 훈련 전문 트레이너인 레이먼드를 불러들여 과학적이고 체계적인 훈련방법을 동원했다. 그것은 일명 파워 프로그램이었다.

축구인들과 언론은 히딩크 감독이 유럽의 전술이나 기술을 가르치지 않고 체력 훈련만 시키고 있다고 비난했다. 그러나 그는 조금도 흔들리지 않았다. 그는 선수들이 파김치가 될 때까지 체력 훈련을 시켰다. 한국 선수들은 90분 뛰는 체력을 120분, 150분 뛰는 체력으로 향상시켰다.

그리고 전술도 바꾸었다. 멀티 플레이어 전술, 소위 압박축구로 전술을 바꾸었다. 선수들은 전원 공격, 전원 수비로 쉬지 않고 뛰어야 했다.

'엄청난 체력이 소모되는구나.'

박항서 감독은 선수들과 함께 뛰면서 혀를 내둘렀다. 악바리로 불리던 그도 히딩크 감독의 강한 훈련에 녹초가 되고는 했다.

"우리가 16강에 진출할 수 있을까요?"

선수들 중에 박항서 감독에게 묻는 선수도 있었다.

"믿어. 자신을 믿어야 돼!"

박항서 감독은 선수들에게 자신을 믿으라고 말했다. 한국이 월드컵에서 어떤 성과를 낼지는 아무도 알 수 없었다.

"박 코치, 우리는 5월에 유럽팀과 평가전을 해야 합니다."

히딩크 감독이 박항서에게 말했다.

"유럽팀이요?"

박항서 감독은 어리둥절했다. 6월에 월드컵이 시작되므로 5월에는 약팀을 불러 평가전을 해야 선수들의 사기가 오를 것이다. 유럽 선수들과의 평가전에서 패하면 사기가 떨어진다. 그러나 히딩크는 기어이 유럽 선수들을 한국으로 불렀다.

5월이 되자 잉글랜드, 스코틀랜드, 프랑스가 차례로 한국에 와서 평가전을 치르게 되었다.

'히딩크 감독은 머리가 좋구나!'

박항서 감독은 히딩크 감독의 속마음을 알아차렸다. 히딩크 감독은 약팀인 스코틀랜드부터 시작해 잉글랜드에 이어 프랑스와 순차적으로 평가전을 치러 대표팀의 자신감을 끌어올릴 계획이었다.

5월 16일 오후 8시, 부산 아시아드 주경기장에서 스코틀랜드와의 평가전이 치러졌다. 유럽팀과의 첫 평가전이었다. 경기장을 가득 메운 관중들이 열광적으로 응원하는 가운데 히딩크 감독이 선수들을 독려했다.

"긴장하지 마라. 집중해라. 우리는 이길 수 있다."

그러나 한국 선수들은 바짝 긴장했다. 마침내 경기가 시작되었다. 경기는 뜻밖에도 한국이 스코틀랜드를 압도하고 있었다. 경기는 4 대 1로 한국이 승리했다.

"잘했어. 잘했어!"

히딩크 감독은 기뻐하면서도 공격과 수비에서 드러난 문제점을 분석했다. 박항서 감독도 면밀하게 선수들의 상태를 살폈다. 고참과 신인 모두 잘 뛰었다. 무엇보다 체격이 좋은 스코틀랜드 선수들을 상대로 몸싸움이나 주력에서도 전혀 밀리지 않았다.

'잉글랜드와의 경기를 보면 알 수 있겠지.'

박항서 감독은 잉글랜드와의 평가전을 기다렸다.

2차 평가전은 5월 21일에 제주도의 서귀포 월드컵구장에서 벌어졌다. 축구종주국인 잉글랜드와의 평가전이었다. 잉글랜드에는 데이비드 베컴 등 세계적인 선수가 있었지만 베컴은 부상으로 출전하지 못했다. 그러나 세계 정상급 선수들이 많았다. 한국은 잉글랜드와 대등하게 경기해 축구팬들을 열광시켰다. 박지성이 동점골을 넣는 활약에 힘입어 1 대 1 무승부를 이루었다.

'히딩크 감독이 유럽 공포증을 없애려고 하는구나.'

박항서 감독은 히딩크 감독에게 감탄했다. 그의 전략을 비로소 이해했다. 쉬운 일보다 어려운 일을 해낼 때 실력이 향상되는 법이다. 물론 이러한 이치는 우리가 하는 일에도 적용될 것이다. 점점 어려운 일들을 해낼 때 업무 능력이 향상된다.

프랑스와의 평가전은 5월 26일 수원 월드컵구장에서 열렸다. 프랑스는 4년 전 월드컵에서 우승한 강팀이었고, 세계 최고의 선수로 불리는 지단이 있었다. 수원 월드컵구장을 가득 메운 붉은 옷을 입은 관중들을 본 박항서 감독은 가슴이 철렁했다.

'엄청난 관중이구나. 평가전에 이렇게 많은 관중이 오다니.'

박항서 감독뿐 아니라 선수들도 긴장했다. 한국은 프랑스 월드컵 때 네덜란드에 5 대 0으로 패한 적이 있었다. 히딩크 감독은 까닭 모르게 좋아하고 있었다. 지단과 같은 선수가 나왔는데도 조금도 불안해하지 않았다.

마침내 경기가 시작되었다. 한국 선수들은 뜻밖에도 프랑스와 시종일관 대등하게 경기를 펼쳤다. 결국 3 대 2로 패하기는 했지만 경기 내용은 프랑스를 압도했다. 한국과 프랑스의 경기를 지켜본 세계 여러 나라의 언론은 놀라움을 금치 못했다.

"세계적인 명장이 조련한 한국에 프랑스가 시종일관 우왕좌왕했다. 일본과 비교되지 않는 전력이다. 16강을 뛰어넘는 실력이다."

일본 NHK의 해설자가 말했다. 일본은 한국의 경쟁국이다. 월드컵을 공동으로 개최해 치열하게 경쟁을 벌이고 있었다.

"무시무시한 전력이다. 한국은 이번 대회에서 최고의 성적을 낼 것으로 추정된다."

축구종주국인 영국의 풋볼잡지가 평가했다.

"1년 전과 전혀 다른 전력이다. 홈팬들의 열광적인 지지를 받는다면 사상 최고의 돌풍이 예상된다."

영국 BBC는 2002년 월드컵에서 한국이 사상 최고의 돌풍을 일으킬 거라고 예상했는데, 그들의 예측은 옳았다.

"경이로운 일이라고밖에 할 수 없다. 한국의 실력이 저 정도라면 4강에 오를 수도 있을 것이다."

독일 풋볼의 이 예측도 맞아떨어지게 되었다.

전 세계의 언론이 한국을 칭찬했고 프랑스 선수들은 경악했다. 1년여 동안 체력 훈련과 압박축구에 집중해 온 히딩크 감독의 지도력이 빛을 발하기 시작한 것이다. 그럼에도 불구하고 월드컵 본선 첫 경기는 열흘도 남지 않았다. 한국은 6월 4일에 부산에서 폴란드와 첫 경기를 하게 된다. 히딩크 감독은 과학적으로 상대팀을 분석하면서 전략을 세웠다.

그때 박항서 감독은 히딩크 감독이 4강까지 갈 것에 대비해 전략을 세우고 있다는 사실을 알게 되었다.

'참으로 치밀한 사람이구나. 16강 진출도 어렵다고 하는데……'

이처럼 히딩크 감독은 월드컵 16강에 한 번도 진출하지 못한 한국팀을 강팀으로 조련했다. 한국 선수들은 체력은 물론 전술 면에서도 유럽 선수들보다 뒤처졌지만 1년여 만에 강팀으로 변신한 것이다.

박항서 감독이 베트남 축구대표팀의 감독을 맡게 될 때도 상황은 비슷했다. 베트남 축구대표팀은 체격 조건이 안 좋았으며, 전술이 부족했고, 정신력도 약했다. 이 문제점을 발견해낸 박항서 감독은 개선점을 찾아냈다. 그는 식단 조절 등으로 체격 조건을 보완했고, 강력한 수비축구 전술을 보완했으며, 마인드 컨트롤로 정신력을 강화했다.

그리고 감독을 맡은 지 불과 3개월 만에 U-23 아시안컵에서 준우승했다. '히딩크 매직'처럼 '박항서 매직'이 시작된 것이다.

자신감은 실력이 뒷받침되어야 생긴다

2002년 월드컵 본선에서 한국이 속한 D조는 '죽음의 조'라고 불렸다. 포르투갈, 폴란드, 미국 등 어느 하나 만만한 팀이 없었다. 마침내 월드컵의 날이 밝았고 한국의 월드컵 첫 대회가 부산에서 열렸다.

전국은 붉은 물결로 뒤덮였다. 2002년 6월 4일 오후 8시 30분, 부산의 월드컵구장은 붉은 옷을 입은 관중들이 메웠고 거리 응원이 펼쳐졌다. 본선에 여러 번 진출했으나 한 번도 승리하지 못했던 한국이었다. 상대팀 폴란드는 유럽의 강호로 불렸다.

휘슬이 울리고 마침내 경기가 시작되었다. 초반 10분까지는 폴란드가 우세했다. 그러나 홍명보의 위협적인 중거리 슛으로 분위기는 반전되었다. 이때부터 한국의 파상적인 공격이 시작되었다. 전반 26분에 이을용이 패스한 공을 황선홍이 왼발 발리 슛을 날려 폴란드의 골네트를 뒤흔들었다.

"골인!"

부산 월드컵구장은 관중들의 함성으로 들끓었다. 박항서 감독 역시 기쁨을 감출 수 없었다. 선수들도 두 손을 높이 들고 환호했다. 이내 모든 관중이 자리에서 일어나 환호하고 있었다.

부산 월드컵구장은 뜨겁게 달아올랐고 서울 시청 앞을 비롯해 거리 응원을 하는 시민들이 벌떡 일어나서 함성을 지르고 '대한민국'을 외쳤다. 전국이 들썩거리는 것 같았다. 전반전이 끝나고 후반전이 시작되어 유상철의 두 번째 골이 터지자 박항서 감독은 마치 꿈을 꾸는 것 같았다.

'이제는 우리가 이긴다!'

박항서 감독은 승리를 확신했다. 실력이 없는데 자신감만 있는 사람은 '오만하다'고 할 수 있다. 반면에 실력이 뒷받침되어 자신감을 갖는 사람은 '호기롭다'고 할 수 있다. 대표팀의 경우에는 실력이 뒷받침되었기 때문에 자신감이 생긴 것이었다.

그의 예상대로 한국은 조별리그 폴란드와의 1차전에서 승리를 거두었다. 48년 만에 거둔 월드컵 본선 첫 승리였다. 시민들은 거리에서 '대한민국'을 목이 터져라 외쳤다.

"미국은 스피드가 빠르다. 압박수비를 강화하라."

경기를 앞두고 자신감이 필요하지만 자만심에 빠져서는 안 된다. 히딩크 감독은 2차전 상대인 미국과의 경기가 더욱 어려울 것이라고 말하며, 선수들에게 마음가짐을 단단히 할 것을 주문했다. 박항서 감독도 긴장했다.

미국과의 경기는 대구에서 열렸다. 대구 월드컵구장은 관중들로 가득 찼고 거리에서는 다시 응원전이 펼쳐졌다. 서울 시청 앞 광장에도 수십만 명의 시민들이 운집해 전 세계를 놀라게 했다.

히딩크 감독의 예상대로 미국은 스피드가 빨랐다. 유럽 축구와 전혀 달랐다. 전반 26분에 황선홍이 헤딩을 하기 위해 공중으로 떠올랐다가 떨어지면서 머리가 찢어졌다.

"아이고!"

박항서 감독은 가슴이 철렁했다. 황선홍이 그라운드 밖으로 나와 머리에 붕대를 감싸기 시작했다. 피가 철철 흘러내렸으나 그는 뛸 수 있다고 말했다.

황선홍이 머리에 붕대를 매는 순간 미국이 전광석화같이 공격해 골을 넣었다. 황선홍은 자책감이 들었다. 그는 다시 그라운드로 뛰어 들어갔다.

"괜찮아. 우리는 잘할 수 있다. 국민들이 응원하는 것을 봐라."

박항서 감독은 선수들을 격려했다. 한국은 후반전에 이을용의 프리킥을 안정환이 헤딩으로 연결해 동점골을 넣었다. 안정환은 미국 빙상선수 오노의 할리우드 액션을 흉내 내는 세리머니를 했다.

미국과의 경기는 1 대 1 무승부였지만 국민들은 실망하지 않았다. 미국과의 경기는 혈투였다. 강한 체격을 갖고 있는 미국 선수들과 온몸으로 부딪쳤다. 한국 선수들은 피투성이가 되면 서도 그들과 싸웠다. 선수들은 강호 포르투갈을 꺾은 미국과 무 승부를 이루었다. 한국은 1승 1무로 16강 진출이 유력해졌다.

6월 14일에 피파랭킹 4위인 포르투갈과의 경기가 인천 문학 경기장에서 벌어졌다. 포르투갈은 거대한 산과 같았다. 코칭스 태프와 선수들은 더욱 긴장했다. 숨이 막힐 것 같은 긴장감이 선 수단에 흘렀다.

"우리는 월드컵 우승팀 프랑스와도 대등한 경기를 펼쳤다. 집 중해라. 세상에 이길 수 없는 팀은 없다!"

히딩크 감독이 선수들과의 미팅에서 말했다. 자신감을 가질 때 기적을 일으킨다는 것을 알고 있었던 것이다.

"피구를 막아라!"

히딩크 감독은 송종국에게 특명을 내렸다. 박항서 감독은 선 수들을 일일이 격려해 주었다. 이내 경기가 시작되었다. 송종국 은 피구를 그림자처럼 따라다니면서 전담마크를 했다. 피구는 송종국 때문에 꼼짝하지 못했다.

한국팀에는 운도 따랐다. 포르투갈의 주앙 핀투가 박지성의 오른쪽 다리를 두 다리로 휘감고 비틀었다. 히딩크 감독이 분개해 소리를 지르면서 상의를 벗고 뛰어나가려 했다. 반칙이 악랄했기 때문에 심판은 즉시 퇴장 명령을 내렸다. 주앙 핀투는 퇴장 판정에 불만을 품고 심판의 복부를 주먹으로 때리기까지 했다. 그는 심판폭행으로 무기한 출전정지 처분을 받았다가 6개월 출전정지로 완화되었다.

게다가 베투가 설기현과 이영표에게 잇달아 반칙을 가해 경고 누적으로 퇴장당했다.

후반 30분, 이영표의 크로스를 박지성이 가슴으로 받아 왼발 슛을 날렸다. 공은 골키퍼 다리 사이로 들어갔다.

"골인!"

거대한 함성이 일어났다. 박지성은 두 팔을 벌리고 환호하면서 히딩크 감독에게 안겼다.

'16강이다!'

경기 종료 휘슬이 울리자 박항서 감독은 환호했다. 월드컵 16강 진출의 꿈을 이룬 것이다.

한국은 완전히 축제분위기였다. 국민들 대부분이 붉은 셔츠를 입고 대한민국을 외치고 다녔다. 그러나 대표팀은 마냥 기쁨에 빠질 수는 없었다. 역사상 최초로 이룬 쾌거였으나 8강 진출을 위한 16강전을 치러야 했다.

'국민들의 응원이 대단하구나.'

박항서 감독은 국민들의 대대적인 응원에 가슴이 터질 것 같은 기분이었다. 텔레비전은 연일 월드컵에 대해 보도하고 있었다. 대표팀 코칭스태프는 이탈리아전에 대비했다. 히딩크 감독은 유럽 출신이기 때문에 이탈리아 선수들에 대해 잘 알고 있었다. 이탈리아는 1골이면 한국을 이길 수 있다고 호언장담했다.

'우리가 이탈리아를 이길 수 있을까?'

박항서 감독은 고민이 되었다. 비록 지는 일이 있어도 최선을 다해야 한다고 생각했다. 이탈리아는 빗장 수비로 유명했다. 히딩크 감독은 대표팀 선수들에게 자신감을 가지라고 지시하면서 빗장 수비를 뚫는 연습과 역습을 방어하는 집중 훈련을 했다.

"토티는 성격이 다혈질적이다. 조금만 거칠게 다루면 흥분해서 날뛸 것이다."

히딩크 감독이 최진철, 김태영, 홍명보 등 수비수들에게 지시했다.

16강전 경기는 6월 18일에 대전에서 열렸다. 한밭벌 경기장의 스탠드에는 'AGAIN 1966'라는 거대한 카드섹션이 펼쳐졌다. 관중 수천 명이 동원된 카드섹션이었다. 북한이 1966년 월드컵 16강전에서 이탈리아를 1 대 0으로 꺾고 8강에 진출했기 때문에 그때의 영광을 재현하자는 뜻이었다. 이탈리아는 이때 프로복싱에서도 니노 벤베누티가 챔피언벨트 쟁탈전에서 한국의 김기수 선수에게 패해 남한과 북한 모두에게 패하고 말았다.

'AGAIN 1966'은 이탈리아 선수들을 자극하는 것이었다. 히딩크 감독이 계획한 심리전이 장외에서도 펼쳐진 것이다.

마침내 경기가 시작되었다. 박항서 감독은 손에 땀을 쥐면서 경기를 지켜보았다. 히딩크 감독과 통역 담당자 때문에 앞으로 나설 수는 없었지만 소리를 지르면서 선수들을 격려했다.

한국 선수들은 피투성이가 된 채 싸웠다. 넘어지고, 엎어지고, 팔꿈치에 얻어맞고, 운동장에서 쓰러지며 뒹굴었다. 그 어느 때보다 치열한 혈전이 벌어졌다.

이탈리아의 프란체스코 토티는 다혈질적인 선수로 유명한데, 경기가 시작되자마자 거칠게 나왔다. 한국 선수들을 팔꿈치로 공격하다가 1차 경고를 받았다.

전반 18분, 한국은 이탈리아의 비에리 선수에게 선취골을 허용하고 말았다.

하지만 박항서 감독은 히딩크 감독과 함께 선수들을 격려했다.

"괜찮아! 괜찮아! 우리는 이길 수 있어!"

1 대 0으로 앞선 이탈리아는 빗장 수비에 들어갔다. 한국 선수

들이 파상 공세를 펼쳤으나 수비를 뚫지 못했다.

'수비가 정말 좋구나.'

박항서 감독은 이탈리아의 수비에 감탄했다. 한국은 후반전이 끝날 무렵까지 골을 넣지 못했다. 패색이 점점 짙어질 무렵 히딩크 감독은 최후의 승부수를 던졌다. 그는 홍명보, 김태영, 김남일 등의 수비수들을 빼고 이천수, 황선홍, 차두리 등의 공격수들을 투입했다.

'히딩크 감독이 마지막 승부수를 던지는구나.'

박항서 감독은 그렇게 생각했다. 이대로 경기가 끝나면 다음은 없다. 히딩크 감독은 공격수를 최대한 투입한 것이다.

후반 43분에 이탈리아 수비수의 실수로 설기현 앞에 공이 떨어졌다. 설기현은 재빨리 왼발 슛을 날려 골네트를 흔들었다.

"골인!"

관중들이 일제히 함성을 터트렸다.

"골인!"

박항서 감독은 두 손을 번쩍 들고 만세를 불렀다. 한국이 마침내 1 대 1 동점을 이룬 것이다. 한국에는 행운도 따랐다. 프란체스코 토티가 할리우드 액션을 하다가 경고 누적으로 퇴장당했다. 히딩크 감독의 작전이 성공한 것이다.

"이겨야 돼! 이겨야 돼!"

박항서 감독은 주문을 걸듯이 소리를 질렀다. 연장전 전반에도 골이 터지지 않았다. 선수들은 젖 먹던 힘까지 다했다. 연장전 후반 12분이 되었을 때 이영표가 패널티 에어리어에서 센터링한 공을 안정환이 번개같이 뛰어올라 헤딩을 했다. 공은 골문 오른쪽으로 들어갔다. 결승골이었다.

"와아!"

관중석에서 거대한 함성이 일었다. 운동장이 떠나갈 것 같은 함성이었다.

"골인!"

박항서 감독과 코칭스태프는 포옹하면서 기쁨을 나누었다. 한국은 기적처럼 이탈리아를 격파하고 8강에 올랐다. 한국은 광란의 붉은 물결에 휩싸였다. '오, 필승코리아!'가 밤새도록 울려 퍼졌다. 전 세계는 한국의 붉은 물결에 감동했다.

"우리는 아직도 배가 고프다!"

히딩크 감독이 기자회견에서 선언했다. 그것은 바로 실력이 뒷받침된 자신감에서 나온 말이었다. 8강에 오른 것도 기적 같은데 "배가 고프다"는 그의 말은 한국에서 유행어가 되었다.

'기적이 일어나고 있어!'

박항서 감독은 8강에 오르자 짜릿하게 흥분되는 것을 느꼈다. 국민들은 열광적으로 응원했다. 그는 전 국민들이 거리 응원을 하는 것을 보고 감동했다. 국민들은 선수들이 이동할 때도 구름같이 몰려와 환호하고 박수를 치면서 격려해 주었다.

"대한민국!"

그들이 목이 터져라 소리 지를 때 박항서 감독은 눈물이 나올 것 같았다. 선수들은 말을 하지 않았으나 꿈 같은 일이 일어나고 있다고 생각했다.

대표팀 코칭스태프는 8강전을 준비했다. 스페인 선수들 개개인을 분석하고 전담 마크와 함께 압박 축구를 강화하는 전략을 세웠다. 16강전에서 연장전까지 벌여서 선수들은 지쳐 있었다. 체격이 크고 주력이 강한 유럽 선수들과 경기를 치렀기 때문에 체력도 많이 소모되었다.

히딩크 감독은 스페인전 전날에 승부차기 훈련까지 시켰다. 박항서 감독은 히딩크 감독 곁에 서서 훈련과 전략 등을 일일이 수첩에 메모했다. 그것은 훗날 박항서 감독이 지도자 생활을 하는 데 중요한 자료가 되었다.

마침내 8강전이 시작되었다. 8강전은 빛고을 광주에서 벌어졌다.

한국은 스페인과 치열한 혈투를 벌였으나 연장전까지 승부를 내지 못하고 승부차기에 들어갔다.

'히딩크 감독은 귀신인가? 어떻게 승부차기 훈련을 했는데 이런 상황이 온 거지?'

박항서 감독은 놀라움을 금치 못했다.

한국은 키커로 황선홍, 박지성, 설기현, 안정환, 홍명보를 내세웠다. 골키퍼는 이운재였다. 김병지는 대표선수이기는 했지만 불운하게도 한 번도 출전하지 못했다.

한국은 키커 전원이 골을 넣었지만 스페인은 네 번째 키커 호아킨 산체스가 골을 넣지 못했다. 이운재 골키퍼가 펀칭으로 그가 찬 공을 기적처럼 막아냈다. 박항서 감독은 행운이 따르고 있다고 생각했다. 마지막 키커 홍명보가 골을 넣었다.

"와아아!"

숨을 죽이고 승부차기를 지켜보던 관중석에서 거대한 함성이 일어났다. 거리에서 응원하던 시민들도 벌떡 일어나 서로를 포옹하고, 만세를 부르며, 대한민국을 외쳤다. 너무나 감격해 눈물을 흘리는 사람도 있었다.

한국은 8강전에서 승리해 4강에 올랐다. 4강은 꿈도 꾸지 못했던 성적이었다. 박항서 감독은 코치들과 선수들을 포옹하면서 기쁨을 나누었다. 그러나 4강전에 대비해야 했다. 4강전의 상대는 전차군단으로 불리는 독일이었다.

독일전은 6월 25일에 상암 월드컵구장에서 벌어졌다.

'4강전에서 이기면 요코하마에 가야 하는데.'

박항서 감독은 긴장이 되었다. 많은 국민들이 내친 김에 요코하마로 가자고 외치고 있었다.

'우리 선수들은 지친 것 같은데.'

한국 선수들은 이탈리아전과 스페인전에서 연장전을 치렀다. 체력이 바닥나 있다는 사실을 박항서 감독은 누구보다 잘 알고 있었다.

"최선을 다해. 국민들이 우리를 지켜보고 있다!"

박항서 감독은 선수들을 일일이 격려했다.

"국가대표가 되는 것은 영예로운 일이다. 대표선수를 가볍게 생각하지 마라. 대표선수는 책임과 의무가 있어야 한다."

히딩크 감독도 선수들에게 영예로운 전사가 되라고 요구했다.

한국은 독일전에서 최선을 다했으나 1 대 0으로 분패했다. 그러나 4강에 오른 것도 훌륭한 성과였다. 독일은 전차군단이라는 별명에 걸맞게 조직력이 뛰어났고 저돌적이었다.

"괜찮아. 괜찮아!"

"잘했어!"

경기가 끝나고 그라운드에 주저앉아 눈물을 흘리는 선수들에게 관중들이 격려했다. 박항서 감독도 선수들을 위로했다. 한국은 터키전에서도 패해 4위가 되었다.

그러나 월드컵 4강은 기적 같은 성적이었기 때문에 온 국민이 하나가 되었다.

시련을 겪더라도 또다시 정상에 오르기 위해

2002년 6월에 월드컵 4강에 오른 한국은 기적을 이루었다. 전세계가 한국을 극찬하고 각종 매스컴에서도 선수들을 인터뷰했다. 히딩크 감독의 리더십이 화제가 되고 그는 영웅이 되었다. 그에게 명예시민권이 헌정되고 선수들은 해외 명문 프로구단의 러브콜을 받았다.

월드컵이 끝나고 7월이 되자 박항서 감독은 모처럼 쉴 수 있었다. 날씨가 더웠지만 기적 같은 월드컵 4강 신화를 이루어 행복했다. 1년 6개월 동안 오로지 대표팀과 함께했다. 대표팀은 한국축구사에 영원히 남을 업적을 남겼다. 수많은 국민들이 붉은 셔츠를 입고 '대한민국'과 '필승코리아'를 외쳤다. 그런 영광과 기쁨은 다시 얻기 어려운 것이다.

그는 자신의 거취를 생각해 보았다. 월드컵 대표팀의 수석코치 계약기간은 종료되었다. 이제는 새로운 일자리를 찾아야 했다. 그는 7월 한 달 동안 쉬고 8월에 해외로 나가 축구 지도자로서 공부하려고 했다. 히딩크 감독처럼 좋은 지도자가 되어 훌륭한 선수들을 육성할 계획이었다.

하루는 운전 중에 기술위원회에서 전화가 왔다. 기술위원회는 이용수가 위원장으로 있었다.

아시안게임 국가대표팀을 맡아달라는 것이었다. 박항서 감독은 거절했다. 아시안게임은 3개월이면 끝난다. 3개월짜리 감독을 맡으라고 하니, 박항서 감독은 뭔가 불길한 예감이 들었다. 그가 거절하자 아테네 올림픽 때까지 감독을 맡아달라고 다시 제안해 왔다.

박항서 감독은 축구협회를 찾아갔다. 축구협회의 사무국장은 달랑 A4용지 한 장짜리 계약서를 내밀고 사인하라고 했다. 국가대표 감독은 기술위원회에서 선임하지만 계약은 사무국에서 담당한다.

"이게 뭡니까?"

"계약서야."

"무슨 계약서가 이렇게 간단합니까?"

계약서에 적힌 연봉은 히딩크 감독 이전에 계약했던 한국인 감독의 연봉보다도 적었다. 그들은 코치 수준의 연봉을 지급하려고 했다.

"명색이 국가대표 감독을 맡으라면서 왜 감독 예우를 해주지 않습니까?"

박항서 감독이 국가대표 감독에 대한 기본적인 예우를 해주어야 한다고 요구하자, 그 정도 연봉이면 대표팀 감독을 할 사람이 널려 있다는 말까지 건넸다.

박항서 감독은 고민에 빠졌다. 히딩크 감독에게 전화하니 절대로 하지 말라고 했다. 지인들도 대표팀 감독을 맡으면 욕만 먹을 거라며 반대했다.

"협회는 제대로 지원해 주지 않을 테고, 선수들도 월드컵 때처럼 열심히 뛰려고 하지 않을 거야."

박항서 감독은 그들의 얘기가 옳다고 생각했다. 그러나 국가대표팀 감독을 맡는 것은 명예로운 일이다. 돈이나 명성 따위가 아니라 명예를 위해 도전해 보고 싶었다. 그는 사무국장을 만나서 아시안게임을 마칠 때까지 무보수로 일하고, 끝나면 정식계약을 체결하기로 합의했다.

그런데 대표팀의 전력은 월드컵 때와는 달랐다. 월드컵 대표였던 황선홍, 유상철, 홍명보, 최진철, 김태형 등이 빠졌다. 새로운 선수들이 보강되었으나 짧은 기간 내에 전력을 보강할 수는 없었다.

9월 7일에 남북축구대회가 열렸는데, 축구협회는 기술고문인 히딩크 감독을 벤치에 앉게 했다.

박항서 감독은 화가 치밀었다. 감독이 멀쩡하게 있는데 또 다른 감독을 벤치에 앉게 한 것이나 다름없었다.

박항서 감독은 자신의 불만을 언론에 발표했다. 축구협회는 발칵 뒤집혔다. 그들은 박항서 감독이 돈 때문에 반발하는 것으로 매도했다. 그러나 돈 때문이 아니라 축구인의 자존심 때문에 그런 것이었다. 그는 진솔하게 자신의 생각을 밝혔을 뿐이었다.

"저는 성실했습니다. 노력파에 가까운 선수였지요. 성격도 불같고 급하며 다정다감하지도 않았습니다. 대신에 가식은 없었지요."

박항서 감독이 언론 인터뷰에서 한 말이다. 그는 성실한 신앙인이었기 때문에 가식을 멀리했다.

"대표팀 감독이 협회에 대한 불만을 성명서 형태로 발표하는 것은 처음 있는 일이다. 협회에 대한 항명이다."

축구협회 사무국장이 발표했다. 박항서 감독은 답답했다. 물론 히딩크 감독 때문이 아니라 축구협회의 비상식적인 태도 때문이었다.

"기술위원회를 소집하겠다. 감독을 해임할 수도 있다."

축구협회 전무도 말했다.

아시안 게임 준결승전에서 한국은 이란에 패했다. 국민들의 비난이 그에게 몰렸다. 결국 박항서 감독은 아시안게임이 끝나자 감독직을 사퇴했다.

그는 한동안 쉬다가 포항 스틸러스에서 코치로, 전남 드래곤즈에서 기술고문으로 활동하다가 2005년에 창단한 경남 FC의 감독으로 취임했다. 그는 경남 FC를 창단 2년 만에 리그 4위까지 끌어올렸다. 그러나 구단 프런트와의 불화로 경남 FC 감독에서 물러났다. 그리고 전남 드래곤즈의 허정무 감독이 대표팀 감독이 되면서 감독직을 사퇴하자 박항서 감독이 취임하게 되었다. 그는 전남 드래곤즈를 FA컵에서 준우승으로 이끄는 등 나름대로 좋은 성적을 올렸다.

박항서 감독은 선수를 육성하는 데 탁월한 능력이 있었다. 그는 어떤 약팀이든지 6강 이상으로 끌어올렸다. 그런데 어느 날부터인가 전남 드래곤즈의 성적은 부진하기만 했다.

'이상한데. 뭔가 수상해.'

박항서 감독은 선수들의 플레이가 왠지 이상하다고 느꼈다. 전남 드래곤즈의 순위가 점점 떨어지고 박항서 감독이 무능하다는 소문이 퍼졌다. 이 무렵 전남 드래곤즈 선수들이 승부조작에 관련되었다는 소문까지 퍼졌다.

"심증은 있으나 물증이 없다."

누군가 그렇게 말했다.

나쁜 예감은 왜 틀리지 않는 걸까. 2011년에 K리그 승부조작 사건이 터지고 전남 드래곤즈 선수 여러 명이 연루되었다. 전남 드래곤즈의 성적 부진은 박항서 감독 때문이 아니라 선수들의 승부조작 때문이라는 사실이 밝혀진 것이다. 그러나 더 이상 그를 부르는 프로구단은 없었다.

박항서 감독은 2012년에 상주 상무의 감독으로 부임했다. 그러나 상무 축구단은 부대장들의 간섭을 받아야 했고, 지원도 제대로 이루어지지 않았다. 심지어 선수 선발까지 간섭하는 부대장이 있었다. 상무 감독 생활을 하면서도 시련을 겪어야 했다.

상무 감독 생활을 끝낸 그는 고향인 산청군에서 잠시 동안 유소년들을 가르쳤다. 그리고 2016년에 내셔널리그 창원시청팀 감독을 맡았다. 그는 2017년 6월에 치른 선수권대회에서 팀을 우승으로 이끌었지만 여름 이적시장에서 선수들이 대거 이탈하자 실망했다. 창원시청팀은 7위로 추락했다. 또다시 시련에 부딪친 것이다.

'나도 이제 은퇴할 때가 된 것인가?'

박항서 감독은 인생의 황혼기로 접어들었다. 이제는 은퇴해서 유소년들을 지도하는 등 재능기부를 하면서 지내야 할까 싶었다.

"인생은 60부터라고 하는데 뭐가 늦어요? 디제이매니지먼트 이동준 씨를 한 번 만나봐요."

그의 부인이 박항서 감독에게 권했다.

"뭐하는 사람인데?"

"에이전트라고 그래요."

그의 부인이 이동준 대표에 대해 설명해 주었다. 박항서 감독은 이동준 대표와 만나 이야기를 나누었고, 새로운 도전을 하기로 결심했다. 이동준 대표는 박항서 감독의 이력서를 만들어 베트남 축구협회에 보냈다. 그가 보낸 이력서에는 '하위권 팀을 상위권 팀으로 끌어올리는 데 탁월한 능력을 가지고 있는 사람'이라는 글귀가 있었다.

박항서 감독은 베트남 축구대표팀의 감독에 선임되었다. 그는 한국인 코치 2, 3명을 영입하기로 했고, 이영진을 불렀다. 이영진과는 럭키금성 시절부터 친하게 지냈다. 당시에 그는 선수였고, 박항서 감독은 코치였다. 1994년에 김호 감독이 월드컵 대표팀을 이끌 때도 박항서 감독이 코치를 맡았고, 그는 대표팀 선수였다.

"나랑 같이 베트남에 가겠나?"

"좋습니다."

이영진은 두말없이 같이 가겠다고 대답했다.

시련을 겪더라도 또다시 도약하는 리더가 가장 아름다운 리더다. 지난 몇 년간 박항서 감독은 시련을 겪어야 했지만 또다시 정상에 오르기 위해 열정을 되살렸다. 그는 베트남 감독이 되자마자 선수들부터 살폈다. 베트남에는 이미 프로축구 V리그가 있었고, 선수들의 실력도 상당히 뛰어난 편이었다. 몇몇 선수는 어릴 때부터 영국으로 축구 유학을 다녀와 '황금세대'로 불리는 선수들이기도 했다.

박항서 감독은 코치 생활만 13년이나 했기 때문에 무엇보다 선수들과 소통해야 한다고 생각했다. 하지만 그는 베트남어를 할 줄 몰랐고 베트남 선수들은 영어를 할 줄 몰랐다. 그의 곁에는 베트남 축구협회에서 붙여준 통역 담당자가 그림자처럼 따라다녔지만 선수들과 직접 소통하기 위해 스킨십을 나누었다.

하지만 해결해야 할 난제가 많았다. 베트남 국민들의 바람과 달리 베트남 대표팀의 성적은 동남아시아에서도 두각을 나타내지 못했다.

"베트남 선수들은 체력이 약하다."

베트남 축구인들과 언론은 항상 입버릇처럼 말했다. 선수들 스스로도 자신들의 체력이 나쁘다고 생각했다.

그러나 박항서 감독이 선수들의 체력을 테스트해 보니 대부분이 나쁘지 않았다. 실제로 경기장에서 발휘될 경기 체력만 좀 더 과학적으로 향상시킨다면 훨씬 좋아질 듯싶었다. 다만 저체중인 선수들이 더러 있었고, 왼쪽 다리와 오른쪽 다리가 불균형을 이룬 선수도 있었다.

"너희는 체력이 나쁘지 않다. 중요한 것은 경기 체력과 자신감이다."

박항서 감독은 선수들에게 자신감도 키워주기 위해 노력했다.

한편, 그는 선수들의 식단이 과학적이지 못하다고 생각했다. 선수들이 아침에 쌀국수를 먹는 등 식단 관리가 부실했다.

"선수들의 식단을 과학적이고 체계적으로 관리해야 합니다.

선수들이 먹는 것에는 돈을 아끼면 안 됩니다."

박항서 감독은 베트남 축구협회에 개선을 요구했다. 베트남 축구협회가 이를 받아들여 고기, 달걀, 우유 등 고단백질 위주의 식사를 하게 되었다.

박항서 감독은 이영진 수석코치와 함께 베트남 선수들을 좀 더 구체적으로 분석했다.

'개인기는 좋지만 경기 체력과 피지컬이 부족하다. 멘탈 관리도 제대로 안 되고 있다.'

경기 체력은 90분 동안 경기를 이끌어가는 체력을 의미한다. 피지컬은 근력, 지구력, 반응속도, 회복력 등을 일컫는다. 축구를 비롯해 모든 구기 종목에서 절대적으로 필요한 체력을 의미한다. 선수가 골을 넣기 위해 상대팀의 골문으로 쇄도하다가 다시 돌아올 때 지치거나 헐떡이면 피지컬이 약하다고 할 수 있다. 박항서 감독은 베트남 선수들의 피지컬을 강화하는 훈련과 멘탈 관리에 집중했다.

베트남 선수들은 개인주의도 심했다. 식사 때도 대화를 나누지 않고 휴대폰만 만지작거리고 있었다. 박항서 감독은 식사시간에는 휴대폰 사용을 금지시키고 서로 대화를 나누게 했다.

베트남 선수들에게는 또 다른 문제도 있었다. 그들에게는 지

인들에게 표를 구해 주는 전통이 있었는데, 그로 인해 훈련에 집
중할 수 없었고 경기마저 지장을 받고 있었다. 박항서 감독은 이
를 중지시켰다. 그는 선수들이 국가대표답게 원칙에 충실해야
한다고 말했다.

"나쁜 습관은 반드시 고쳐야 한다!"

박항서 감독은 선수들의 체중을 늘리게 했고 주력도 강화시
켰다. 선수들은 상체를 강화하기 위해 하루에 30분 이상씩 밤마
다 웨이트 트레이닝을 시작했다.

박항서 감독이 부임한 지 한 달여 만에 M150컵 U-23 축구대
회가 열렸다. 박항서 감독이 이끄는 베트남 축구대표팀은 미얀
마를 4 대 0으로 격파하고, 2차전에서 우즈베키스탄과 경기하
게 되었다.

박항서 감독은 중요한 경기가 아니었기 때문에 선수들의 기
량을 살피려는 목적으로 베테랑 선수들을 출전시키지 않았다.
베트남 대표팀은 1 대 2로 패했다. 그러자 베트남 축구협회에서
박항서 감독을 비난하는 움직임이 일어났다. 그래서 이동준 대
표가 그에게 말했다.

"감독님, 다음 경기는 반드시 이겨야 합니다."

"왜요?"

"축구협회 분위기가 심상치 않습니다."

"걱정하지 마시오. 두 달밖에 안 되었는데 나를 해임이라도 하겠소?"

박항서 감독은 껄껄대고 웃었다. 그는 베트남 축구협회에 "보다 중요한 U-23 아시안컵 대회를 준비하기 위해 후보 선수들을 내보내 기량을 살폈다"고 해명했지만 베트남 축구협회와 베트남 국민들의 반응은 시큰둥했다.

베트남 대표팀은 3, 4위 결정전에서 태국을 2 대 1로 꺾고 승리했다. 태국과의 경기에서 승리하자 베트남인들의 반응은 사뭇 달라졌다.

'뭐야? 사람들 반응이 왜 이래?'

베트남 축구협회와 팬들은 그제야 박항서 감독을 신뢰하기 시작했다. 비록 3, 4위전이었지만 베트남은 10년 동안 숙적인 태국을 꺾은 적이 없었다. 전임 응우옌 감독이 사임한 것도 태국에 3 대 0으로 패했기 때문이었다.

그리고 곧바로 2018 아시안컵 U-23 축구선수권대회가 중국 창저우에서 열렸다.

'이 경기에서 반드시 좋은 성적을 내야 한다!'

그는 베트남의 프로리그 감독이 아니라 국가대표 감독이었

다. 베트남 국가대표 감독으로서 베트남인들의 바람을 무시할
수는 없었다.

그런데 베트남은 한국과 함께 예선 D조에 소속되었다.

'하필 우리나라와 시합을 하게 되는구나.'

그러나 어쩔 수 없었다. 베트남과 한국은 모두 아시아 국가들
이니 항상 부딪쳐야 했다.

'조국은 한국이라도 나는 베트남 대표팀 감독이다.'

박항서 감독은 베트남을 위해 최선을 다해야 한다고 생각했
다. 1월 11일에 베트남은 한국과의 경기에서 1 대 2로 패했다.
그러나 강력한 우승후보인 호주를 1 대 0으로 격파하고, 시리아
와는 0 대 0으로 비겨 파란을 예고했다. 한국은 조 1위로 베트남
은 조2위로 본선에 진출했다.

조 2위로 본선에 진출하자 베트남은 서서히 달아오르기 시
작했다. 베트남 언론은 예선전 때에는 중계방송을 하지 않았다
가 본선에 진출하자 부랴부랴 중계방송팀을 꾸려 창저우로 날
아갔다.

8강전에서 베트남은 강력한 우승후보의 이라크와 맞붙게 되
었다. 아시아에서는 한국, 우즈베키스탄, 이라크, 호주가 강호로
불리고 있었다.

'이라크는 우승후보다. 반드시 꺾어야 한다!'

박항서 감독은 비장한 각오를 다졌다.

이라크와의 경기는 1월 20일에 열렸다. 강팀인 이라크를 상대로 베트남은 연장전까지 치열한 혈전을 치렀다. 3 대 3으로 연장전이 끝나고 승부차기가 시작되었다.

'2002년 월드컵 때가 생각나는구나.'

2002년 월드컵 때 한국은 스페인과 무승부를 이루고 승부차기 끝에 승리를 거두었다.

승부차기가 시작되었다. 그는 선수들에게 긴장하지 말라고 지시했다. 베트남 선수들은 승부차기에서 5 대 3으로 승리했다. 기적과 같은 승리였다.

'아아, 승리했구나!'

박항서 감독은 가슴속으로 뜨거운 것이 훑고 지나가는 것을 느꼈다. 베트남 국민들도 열광했다. 베트남은 처음으로 U-23 아시안컵에서 4강에 진출한 것이다.

4강전은 1월 23일에 창저우 올림픽 스포츠센터 경기장에서 열렸고, 상대는 카타르였다. 창저우의 1월 날씨는 혹독하게 추웠다. 그러나 베트남 선수들은 추위에 아랑곳하지 않았다. 전반전과 후반전 경기를 1 대 1로 비긴 베트남은 연장전에서 카타르에게 1점을 내주어 2 대 1이 되었다.

　베트남 국민들은 이대로 패할 것 같아서 안타까워했다. 베트남 선수들은 최선을 다했으나 시간은 점점 흘러갔다. 그러다 불과 2분을 남기고 꽝 하이의 동점골이 터졌다.

"잘했어!"

박항서 감독은 격렬하게 어퍼컷 세리머니를 했다.

"와아!"

코칭스태프는 환호했고 베트남에서 응원하던 국민들은 열광했다.

　베트남 국민들은 선수들이 달라졌다고 생각했다. 연장전 마지막 순간까지 포기하지 않고 싸웠기 때문이다. 베트남 국민들은 그 모습에 감동했다. 그들은 박항서 감독이 선수들을 바꾸어 놓았다고 생각했다.

　결국 베트남은 또다시 카타르와 승부차기에 들어갔다. 두 경기 연속 승부차기였다. 베트남은 4 대 3으로 승리를 거두었다. 베트남이 카타르를 꺾고 결승전에 진출하자 베트남에서는 축제가 벌어졌다. 거리가 온통 붉은 물결로 뒤덮여 마치 2002년 월드컵 때의 한국과 같았다. 참고로 U-23 아시안컵에서 한국은 4강에 올랐지만 우즈베키스탄에 패하고 말았다. 한국도 해내지 못한 결승진출을 베트남이 이룬 것이다.

베트남은 우즈베키스탄과 결승전을 치르게 되었다. 베트남은 열광했다. 도시마다 광장과 축구경기장에서 거리 응원을 준비했다. 3천 명에 이르는 팬들이 비행기를 타고 창저우로 날아갔다. 박항서 감독과 코칭스태프는 베트남의 분위기가 심상치 않다고 느꼈다. 코칭스태프는 베트남의 분위기를 담아낸 동영상을 선수들에게 보여주었다.

"우리는 왜 이겨야 하는가? 우리는 가족을 위해 열심히 뛰어야 하고, 동료를 위해 열심히 뛰어야 한다. 국가대표이니 국가를 위해 뛰어야 하고, 나 자신을 위해 열심히 뛰어야 한다. 동영상에서 보았듯이 베트남 국민들이 지켜보고 있다!"

박항서 감독이 선수들에게 지시했다. 그는 선수들에게 쇠징이 박힌 축구화를 지급했다. 창저우에 폭설이 내릴 것이라는 일기예보를 고려한 것이다.

결승전이 벌어지는 1월 26일이 되자 눈이 내리기 시작했다. 경기는 연기되지 않고 강행되었다. 베트남 선수들은 눈이 내리는 것을 마냥 신기하게 바라보며 환성을 질렀다. 베트남 선수들 중에서 눈을 본 선수는 두 명뿐이라고 했다.

결승전을 앞두고 박항서 감독은 선수들에게 당부했다.

"눈 때문에 졌다고 하지는 마라. 나는 그런 말을 듣기 싫다. 우즈베키스탄은 강하다. 그렇지만 그들은 키가 커서 우리보다 더 뛰기 어렵다. 우리가 민첩하게 움직이면 된다. 일억 베트남 국민들이 우리를 지켜본다. 베트남 정신을 잊지 마라."

마침내 경기가 시작되었다. 전반전 8분 만에 우즈베키스탄의 아슈마토프가 선제골을 넣었다. 하지만 베트남 국민들은 눈밭에서 열심히 뛰는 베트남 선수들에게 아낌없는 응원을 보냈다. 전반 40분, 베트남은 우즈베키스탄 문전에서 프리킥을 얻었다.

박항서 감독은 긴장했다. 그는 응우옌 꽝 하이에게 직접 슛을 하라고 사인을 보냈다. 꽝 하이는 왼발 슛이 좋은 선수다. 우즈베키스탄 선수들이 병풍을 치자 베트남의 키커 꽝 하이가 킥 준비를 했다.

많은 사람들이 숨을 죽이고 지켜보는 가운데 꽝 하이가 왼발로 공을 찼다.

"골인!"

박항서 감독은 어퍼컷 세리머니를 하면서 포효했다. 거리에서 응원하던 수백만 명의 베트남인들도 눈물을 흘리면서 환호했다. 꽝 하이의 프리킥은 베트남인들에게 영원히 잊을 수 없는 아름다운 골이었다. 베트남인들은 그 골을 '눈 속의 무지개'라고 명명했다.

후반전이 시작되어 팽팽한 접전이 계속되었으나 골은 터지지 않았다. 경기는 연장전으로 접어들었다. 연장전에서도 좀처럼 점수가 나지 않았다. 그러나 연장전이 모두 끝날 때쯤 우즈베키스탄의 골이 터졌다. 연장전이 종료되기까지 1분을 남기고 터진 골이었다.

'이럴 수가!'

박항서 감독은 통탄했고 베트남 국민들은 울음을 터트렸다. 베트남은 세 경기 모두 연장전을 치렀고, 결승전에서는 눈이 쌓인 경기장에서 120분 동안 혈전을 치렀다. 그들은 누구보다 열심히 싸웠다. 승리하지 못했지만 아름다운 패배였다.

"고마워요, 박항서!"

베트남 국민들은 박항서 감독에게 감사했다. 선수들은 후회 없이 싸웠고, 베트남 국민들은 후회 없이 응원했다.

경기가 끝났지만 눈은 하염없이 내리고 있었다. 박항서 감독은 고개 숙인 선수들을 일일이 안아주었다.

"너희는 최선을 다했으니 고개 숙이지 마라. 너희 가슴속에 자부심을 가져도 된다. 최선을 다했으니까. 절대 고개 숙이지 마라. 너희는 모든 걸 해냈다. 너희는 충분히 그럴 자격이 있다. 너희 인생에 좋은 추억이 될 것이다. 너희는 베트남의 전설이다."

베트남 선수들이 귀국하는 날 베트남은 흥분의 도가니였다. 포기하지 않고 눈밭에서 뛰었던 베트남 선수들의 모습, 그것은 베트남 정신이었다.

베트남 선수들은 1급 노동훈장, 박항서 감독은 3급 노동훈장을 받았다. 이는 최고의 영예가 주어진 것이었다. 베트남의 총리가 직접 환영을 나오고 훈장을 걸어주는 등 박항서 감독과 베트남 대표팀은 영웅이 되었다.

뿐만 아니라 박항서 감독 덕분에 베트남과 한국의 관계가 더욱 돈독해지자 '민간외교관'이라는 말까지 듣게 되었다.

박항서 감독은 베트남 최고의 스타가 되어 바쁜 나날을 보냈다. 그러나 본연의 일을 잊지 않았다. 베트남 선수들을 아시아 정상으로 올려놓아야 했다. 이영진 수석코치, 배명호 피지컬 코치와 함께 선수들의 기량을 끌어올리는 데 역점을 두었다.

2018년 아시안게임에서 베트남은 파키스탄, 네팔, 일본과 한 조가 되었는데, 일본까지 꺾으면서 조 1위로 본선에 진출했다. 베트남은 16강전에서 바레인을 1 대 0으로 격파하고, 8강에 올랐다. 베트남 국민들이 또다시 환호하기 시작했다. 베트남의 아시안게임 8강은 사상 최초였다.

8월 27일에 베트남은 시리아와의 8강전에서 연장전까지 가는 치열한 접전 끝에 1 대 0으로 승리했다. 베트남이 4강에 오르자 베트남은 또다시 열광의 도가니가 되었다.

4강전에서는 한국과 싸우게 되었다.

'운명이구나.'

베트남은 4강전에서 한국에 2 대 1로 패했으나 베트남 국민들은 열광했다.

11월 8일부터 12월 15일까지는 동남아시아의 월드컵인 스즈키컵 대회가 열렸다. 10개국이 참가한 이 대회에서 베트남은 라오스를 3 대 0으로 격파하고, 말레이시아를 2 대 0으로 이겼다. 미얀마와는 0 대 0으로 무승부를 거두었다. 11월 24일에는 캄보디아를 격파하고 결선에 올랐다. 결선에는 태국, 말레이시아, 베트남, 필리핀이 올랐다.

베트남은 필리핀과의 원정경기에서 2 대 1, 홈경기에서 2 대 1로 격파하고 결승전에 올랐다. 말레이시아는 태국을 격파하고 결승전에 올랐다.

결승전은 홈 앤 어웨이 방식으로 치러졌다. 결승전의 1차전은 12월 11일에 말레이시아에서 열렸다. 베트남은 원정경기에서 2 대 2 무승부를 이루고 돌아왔다.

2018년 12월 15일에 미딘 국립경기장에서 결승전 2차전이 열렸다. 베트남은 전반 8분에 응우옌 아인 득이 터트린 결승골을 잘 지켜 10년 만에 스즈키컵 우승을 이루었다.

　이처럼 지난 몇 년간 박항서 감독은 시련을 겪었지만 좌절하지 않았기 때문에 또다시 도약할 수 있었다. 지금 우리 중에는 시련을 겪고 있는 사람이 많은데, 이러한 그의 실화는 시사하는 바가 크다.

제6부

파파 리더십을 이루는 6가지 조건

> 우리가 한 팀이라는 걸 증명해라!

정상에 오르기는 힘들지만 그 자리를 지키는 것이 더 힘들다. 박항서 감독은 60세 이후에 인생의 정점에 다다랐다. 그의 지인들 중에는 정점에 있을 때 내려오라고 말하는 사람도 있었다.

그러나 그는 아직 계약기간도 남아 있고 성공보다는 자신의 책무를 다하기 위해 지금도 열심히 달리고 있다. 그의 목표는 베트남 축구를 아시아 정상에 올려놓는 것이다. 스즈키컵에서 우승하기는 했지만 앞으로 아시아를 넘어 세계로 나아가야 한다. 그래서 지금도 안일해지지 않기 위해 노력한다.

축구경기는 계속 벌어진다. 올림픽 예선과 월드컵 예선 등 많은 경기를 앞으로도 계속 해야 한다. 박항서 감독은 승패를 떠나 매 경기마다 최선을 다하려 한다. 물론 베트남 대표팀이 패하면 찬사 대신 비난을 받을 수 있지만 그는 비난을 두려워하지 않는다. 오로지 자신의 책무를 성실히 이행할 뿐이다. 바로 그 점에 사람들이 열광하는 게 아닐까?

베트남 축구대표팀은 안타깝게도 2018 U-23 아시안컵에서 우승하지 못해 준우승에 그쳤지만 수백만 베트남인들의 환호를 받으면서 카퍼레이드를 했고, 베트남 국회에서도 국회의장이 다음과 같이 말했다.

"베트남의 승리를 이끈 지도자, 특히 주도적인 신념을 가지고 선수들의 잠재력을 증진시킨 박항서 감독의 지도에 감사드립니다. 박항서 감독은 팀을 3개월밖에 이끌지 않았지만 U-23팀이 베트남 축구에 기적을 일으킬 수 있는 능력을 만들었고, 베트남 축구를 깊이 이해하고 있습니다. 나는 박항서 감독이 베트남 선수들에게 자신의 능력에 자신감을 갖도록 도와줌으로써, 팀의 승리에 대한 믿음과 열망을 불러일으켰다고 생각합니다. 이 자리를 통해 박항서 감독에게 진심으로 감사드리며 베트남 축구에 기여하고 베트남과 연대를 계속 이어나가기를 희망합니다."

베트남 국회의장의 연설에서 알 수 있듯이 박항서 감독은 특별한 리더십을 보여주었다. 그의 특별한 리더십은 몇 가지로 요약된다.

1. 원칙에 충실하라.
2. 로마에 가면 로마의 법을 따르라.

3. 우리가 하나라는 사실을 증명하라.

4. 마음을 얻어라.

5. 동기를 부여하라.

6. 나 자신을 믿어라.

파파 리더십을 이루기 위해서는 이 6가지 조건을 갖춰야 한다. 이 6가지 조건은 정치 지도자든 경영자든 교사든 가장이든 모든 리더가 갖춰야 할 덕목이다. 자, 그럼 파파 리더십의 6가지 조건을 하나씩 알아보자.

원칙에 충실하라

원칙은 모든 조직을 지탱하는 중요한 버팀목이다. 원칙이 무너지면 질서가 무너지고 조직은 와해된다. 교통 원칙을 예로 들어보자. 자동차를 운전할 때 신호를 지키고 음주운전을 하지 않는 것은 절대적인 원칙이다. 빨간 불이 들어오면 횡단보도에 사람이 없어도 정지해야 한다. 술을 마셨으면 도로 위에서는 물론 아파트 단지 내에서도 운전대를 잡지 말아야 하는데, 이 간단한 원칙을 지키지 않아서 종종 교통사고가 일어난다.

그런데 우리 사회의 많은 리더가 음주운전으로 물의를 일으킨다. 국회의원과 고위 공무원, 유명 기업인 등이 음주운전을 하고 나서도 이렇게 변명한다.

"술 마시고 한잠 자서 괜찮을 줄 알았는데……."

"대리운전으로 집 앞까지 왔는데, 주차를 제대로 하려고 운전대를 잡다가 그만……"

아무리 인기 있는 유명인이라도 음주운전 등을 일삼으면, 기본적으로 지켜야 할 원칙을 무시하면 대중의 지탄을 받는다.

『손자병법』은 춘추전국시대에 손무가 지은 병법서다. 손무는 병법에 있어 원칙을 가장 중시했다. 어느 날 『손자병법』을 읽은 오왕 합려가 그를 초빙했다. 그는 손무에게 다음과 같이 말했다.

"여기 있는 궁녀들을 시험 삼아 당신의 병법을 보여줄 수 있겠소?"

손무가 그렇다고 대답하자 합려는 궁녀 180명을 선발해 손무에게 훈련시키도록 했다. 손무는 두 후궁을 양 진영의 대장으로 삼아 훈련시켰다. 우선 기본적인 훈련인 제식훈련의 요령을 몇 차례 설명한 그는 궁녀들에게 알겠느냐고 물었다. 그러자 모두 입을 모아 알았다고 대답했다.

그러나 막상 훈련이 시작되어 손무가 "좌로 돌아!"라고 호령하자 궁녀들은 서로 얼굴을 마주보며 깔깔거리고 웃기만 할 뿐이었다. 그러자 손무는 "호령을 철저하게 따르지 않는 것은 지휘관인 나의 책임"이라면서 다시 한 번 설명해 주었다.

그리고 나서 다시 "우로 돌아!"라고 호령했다. 하지만 궁녀들은 그의 말을 듣지 않았다.

"호령의 내용을 훤히 알면서 이에 따르지 않는 것은 두 대장의 책임이다."

손무는 양 진영의 대장으로 삼은 두 후궁을 참수하려 했다. 그러자 오왕이 깜짝 놀라 죽이지 말라고 간청했으나 손무는 듣지 않았다.

"저는 전하에게 장군으로 임명받았습니다. 군대에서는 장군의 권위가 절대적이기 때문에 지휘를 위해서는 왕명도 듣지 않을 수가 있습니다."

손무는 두 후궁의 목을 가차 없이 베어버렸다. 그러고 나서 다시 대장을 임명하고 호령했다. 그러자 모든 궁녀가 질서정연하게 호령에 따랐다.

지위와 권력이 있다고 해서 원칙을 지키지 않으면 그 조직이나 사회는 무너진다. 리더라면 원칙을 지키기 위해 상벌을 엄격하게 정해야 한다. 기업에 공로를 세운 직원은 표창하거나 승진시키고, 손해를 끼친 직원은 시말서라도 쓰게 하거나 책임을 물어야 한다.

그런 점에서 볼 때 기업의 경영권을 자녀에게 물려주는 세습 경영에 문제가 있다. 기업에 공헌한 바가 없는 사람이 어느 날 갑자기 오너의 자녀라는 이유로 입사하자마자 높은 자리를 차지하는 경우가 종종 있다. 심지어 갑질까지 일삼으면 누가 회사를 위해 열심히 일하겠는가?

우리가 상처를 감쌀 때 사용하는 일회용 반창고는 미국 제약회사 존슨&존슨의 얼 딕슨이라는 평직원이 발명했다. 그의 아내는 주방에서 요리하다가 종종 칼에 베이거나 화상을 입어서 손이 성할 날이 없었다. 그는 아내를 위해 간단하고 편하게 붙일 수 있는 반창고를 만들었는데, 그 반창고가 존슨&존슨 회장의 눈에 띄어 1921년에 '밴드 에이드(Band-aid)'라는 제품명으로 출시되어 막대한 수익을 올렸다.

얼 딕슨은 회사를 발전시킨 공로를 인정받아 부회장 자리까지 오르게 되었다. 존슨&존슨은 회사에 공헌한 직원을 철저히 보상했기에 세계적인 제약회사로 성장할 수 있었다. 밴드 에이드를 출시한 이후 다양한 의약품을 개발하면서 크게 성장했고, 오늘날에는 제약과 생활용품 제조로 유명한 기업이 되었다. 세계 57개국에 250여 개의 지사 및 자회사가 있으며, 화이자와 1, 2위를 다투는 제약회사가 되었다.

박항서 감독 역시 선수들에게 원칙을 강조한다. 그는 원칙에 따라 대표선수를 선발하고 훈련시킨다. 축구감독이 지켜야 할 기본 원칙은 선수들을 실력에 따라 라인업에 포함해 출전시키는 것이다. 당연히 지켜야 할 원칙이지만 이 원칙이 지켜지지 않는 경우도 있다.

매 경기마다 박항서 감독은 코치진과 함께 선수들을 면밀히 점검해 라인업을 선발했다. 오로지 실력에 따라 공정하게 선발한 것이다. 라인업에 뽑히기 위해서는 실력을 갖추어야 하기 때문에 베테랑이든 신인이든 선수들은 열심히 훈련했다.

인맥과 지휘고하를 막론하고 실력 있는 사람에게 기회가 열릴 때 공정한 조직이 된다. 이러한 원칙을 지키면 구성원 개개인의 능력 역시 향상될 것이다.

로마에 가면 로마의 법을 따르라

한 집안에 대대로 이어오는 가풍(家風)은 조금씩 다르다. 어느 집은 제사를 지내지 않는가 하면 어느 집은 제사를 떠들썩하게 지낸다. 어느 집은 조용히 식사하지만 어느 집은 식사시간에 웃고 떠든다. 무엇이 옳고 그르다고 할 수 없다. 옳고 그른 것이 아니라 가풍이 다를 뿐이다.

우리나라 사람들은 돼지고기를 좋아하는데, 아랍인들은 돼지고기를 먹지 않는다. 한국에서는 젊은이가 노인 앞에서 함부로 담배를 피우지 않지만 서양에서는 소위 맞담배질을 한다. 베트남인은 아침에 쌀국수를 자주 먹고, 자동차보다 오토바이를 많이 타고 다닌다.

베트남과 한국의 문화는 서로 다르다.

"문화를 존중하되 나쁜 습관은 반드시 고친다."

박항서 감독은 베트남에 처음 왔을 때 다짐했다. 그는 베트남 선수들의 낮잠 문화와 쌀국수 문화 등을 무시하지 않고 존중했다. 물론 쌀국수는 고된 훈련을 해야 하는 선수들에게 적합한 음식은 아니다. 그래서 선수들에게 쌀국수와 함께 우유, 고기 등 고단백질 식사를 병행하도록 했다. 식사시간에는 휴대폰 사용을 금지했지만 훈련이 끝난 뒤에는 관여하지 않았다.

박항서 감독은 베트남 총리에게 받은 포상금을 베트남의 불우 이웃돕기 기금으로 기부하고 다음과 같이 말했다.

"베트남인들에게 많은 사랑을 받았다. 받았으니 돌려주는 것이 예의라고 생각한다."

이는 베트남인과 베트남 문화를 존중하는 사고에서 나온 배려다. 베트남인들은 우리보다 잘살지 못하지만 그는 베트남인을 무시하지 않고 존중한다. 베트남에 왔으니 베트남의 문화를 존중하는 것이다.

우리가 하나라는 사실을 증명하라

뛰어난 인재가 많더라도 팀워크를 이루지 못하면 조직은 강해지지 못한다. 기업의 경우에 팀원 또는 부서끼리 서로 대립하는 경우가 많은데, 팀장이든 CEO이든 리더라면 구성원들을 하나로 결집시켜야 한다.

박정희 정권은 학생운동이 아니라 그의 측근에 의해 무너졌다. 박정희 정권에서는 중앙정보부와 경호실이 권력의 실세였고 서로 알력이 심했는데, 박정희는 이 문제를 해결하지 못했다. 1979년 10월 26일 밤, 궁정동 만찬회 석상에서 중앙정보부장 김재규는 경호실장 차지철과 박정희를 권총으로 사살했다. 박정희 정권은 내부의 분열로 무너지게 된 것이다.

박항서 감독은 짧은 기간에 베트남 축구를 성장시켰다. 그렇다면 그 비밀은 무엇일까? 그는 선수들에게 항상 '원 팀'을 강조한다. "한 팀으로 뭉쳐서 싸우라"고 외친다.

춘추전국시대에 제나라는 연나라의 침략을 받아 70여 개의 성을 빼앗기고 태수 전단이 이끄는 즉묵성과 또 하나의 성만 남았다. 즉묵태수 전단은 군사와 백성들을 하나로 단결시켜 연나라 군사를 공격해 승리했다. 어느 조직이든 하나가 되면 강한 조직이 된다. 제나라는 모든 군사와 백성을 하나로 만든 전단 덕분에 위기를 극복할 수 있었다.

우리는 '살아간다'고 말하는 대신에 '먹고산다'고 말하기도 한다. 우리가 살아가기 위해서는 반드시 밥을 먹어야 하는데, 낯선 사람과도 밥을 같이 먹으면 가까워질 수 있다. 밥을 함께 먹는 식구는 세상에서 가장 가까운 사람이다. 표준국어대사전에 의하면 '식구(食口)'는 '한집에서 함께 살면서 끼니를 같이하는 사람'을 의미하는데, '한 조직에서 함께 일하는 사람'을 비유하기도 한다. 유대감이 강한 회사에서는 직장 동료를 '식구'라고 일컫기도 한다.

그런데 베트남 선수들은 개인주의가 강했다. 식사시간은 물론 평소에도 각자 휴대폰을 만지작거리느라 동료들과 대화하지 않았다. 경기장에서 뛸 때 서로 소통해야 하는 축구팀으로서는 치명적인 약점이었다.

박항서 감독은 식사시간만큼은 휴대폰 사용을 금지하고 대화하도록 했다. 서로 소통하고 가까워져야 한 팀이 될 수 있기 때문이다.

축구는 단체경기다. 11명이 하나가 되어 움직여야 한다. 눈빛 하나로 소통하고 패스해야 한다. 그래서 11명의 선수들이 하나가 되어야 한다.

박항서 감독은 우리는 하나, 원 팀을 강조하면서 훈련 때나 경기 때나 항상 하는 말이 있다.

"우리가 한 팀이라는 걸 증명해라!"

그는 선수들에게 '파이팅' 대신에 '원 팀'을 외치게 했다.

어떤 조직이든지 리더 따로 구성원 따로 움직여서는 안 된다. 모든 조직은 리더를 비롯해 모든 구성원이 하나로 뭉칠 때 더 큰 힘을 발휘할 수 있다.

마음을 얻어라

조직의 구성원은 독불장군을 따르지 않는다. 아무리 뛰어난 리더라도 구성원의 지지를 받지 못하면 앞으로 나아갈 수 없다. 리더라면 구성원 한 사람 한 사람의 마음을 얻어야 한다.

삼고초려(三顧草廬)는 『삼국지』에서 유래한 말이다. 유비는 난양(南陽)에 은거하고 있던 제갈공명의 초옥으로 세 번이나 찾아가 그의 마음을 얻어냈다.

유비는 대업을 이루기 위해서는 제갈공명을 얻어야 한다는 말을 듣고, 관우와 장비를 데리고 초야에 숨어 있는 그의 초가집으로 찾아갔다.

유비 일행은 제갈공명의 허름한 초가집에 이르렀다.

"형님, 이름 있는 선비가 어찌 이런 시골구석에 살겠소? 헛된 이름일 것이니 그냥 돌아가서 술이나 마십시다."

장비가 눈살을 찌푸리면서 투덜댔다. 관우는 잠자코 수염만 쓰다듬고 있었다. 그때 심부름꾼으로 보이는 어린 동자가 나왔다.

"손님들께서는 어찌 오셨습니까?"

동자가 낭랑한 목소리로 물었다.

"나는 신야에서 온 유현덕이라고 하네. 이곳이 제갈 선생의 집이 맞는가?"

"맞기는 합니다만 스승님께서는 출타하셨습니다."

"언제 돌아오시는가?"

"친구들을 만나러 가셨으니 한 시간 후에 돌아오실지 내일 돌아오실지 아니면 몇 달 후에 돌아오실지 모릅니다."

동자의 말에 유비는 실망해 신야로 돌아왔다.

'이인(異人, 재주가 신통하고 비범한 사람)이라 만나기가 쉽지 않구나.'

유비는 탄식했다. 며칠 후 제갈공명이 돌아왔다는 소식이 들려왔다. 유비가 급히 달려가기 시작했다. 관우와 장비가 황급히 뒤따라왔다.

한겨울이라 살을 에는 듯한 추위가 몰려왔다. 눈보라까지 몰아쳐 그들은 간신히 제갈공명의 집에 이르렀다.

"스승님께서 출타하셨습니다."

동자의 말에 유비는 실망했지만 기다리기 시작했다. 장비는 초가집에 불을 질러버리자고 심통을 부렸으나 유비는 해가 질 때까지 기다리다가 다시 신야로 돌아왔다.

유비가 세 번째로 제갈공명의 집을 찾아갈 때는 제갈공명의 마음을 얻기 위해 초가집에서 반 리나 떨어진 곳에서부터 말에서 내려 걸어갔다. 제갈공명은 초당에서 한가하게 낮잠을 자고 있었다.

"아니, 형님께서 행차하셨는데 저 시골뜨기가 벌떡 일어나지 않고 무얼 하는 게야?"

장비가 눈알을 번들거렸다.

"선비가 명성이 있다고 해도 지나치다."

관우도 수염을 쓰다듬으면서 투덜댔다.

"모두 물러가 있어라!"

유비는 관우와 장비에게 호통을 쳤다.

"형님, 저까짓 선비가 뭔데요. 그냥 불을 확 싸질러버릴라!"

장비가 심통을 부리자 유비는 더욱 엄중하게 야단을 쳤다. 관우와 장비는 사립문 밖으로 나올 수밖에 없었다.

유비는 제갈공명을 깨우지 않고 관우와 장비를 사립문 밖에서 기다리게 했다. 그리고 자신만 들어가서 그가 깨어날 때까지 공손히 서서 기다렸다. 제갈공명은 한참이 지난 뒤에야 일어났다.

제갈공명은 유비에게 하늘이 내린 운이 없다는 것을 알고 있어서, 부름에 응하지 않으려고 했다. 그러나 유비의 지극한 정성에 마음이 움직였다.

잠에서 깨어난 제갈공명은 유비와 인사를 나누고 천하정세를 논했는데, 그의 말은 구구절절 옳았다. 유비는 제갈공명을 얻어 촉한의 황제가 되었다.

박항서 감독은 선수들의 마음을 얻어내 선수들은 그를 아버지처럼 따른다. 그는 선수들과 스킨십을 하고, 발마사지를 해주고, 무엇보다 영어울렁증이 있던 선수들에게 영어 공부를 시켜 자신감을 불어넣기도 했다. 비즈니스석을 부상당한 선수에게 양보하기도 해 선수들의 마음을 얻었다.

동기를 부여하라

무슨 일이든 동기부여가 되어야 의욕적으로 하게 된다. 직장인들은 인센티브 등 보상이 따라야 의욕이 생기고, 운동선수들은 동기가 생겨야 열심히 뛴다.

2019 아시안컵 때 한국 축구대표팀은 간신히 조 예선을 통과한 뒤에 8강에 머물렀다. 한국은 최고의 우승후보였지만 졸전을 펼쳤다. 손흥민 등 세계적인 선수들이 가담했지만 경기 내용은

무기력하기 짝이 없었다.

'왜 선수들이 열심히 뛰지 않지?'

선수들이 경기하는 모습을 지켜보던 국민들은 답답했다. 불과 몇 달 전에 열린 2018 아시안게임에서 우승했을 때와는 전혀 달랐다. 선수들에게 동기부여가 안 되었기 때문이 아닐까?

아시안게임에서 우승하면 병역면제 특례를 받는다. 아시안게임에서 우승하자 손흥민, 황희찬 등 많은 선수들이 병역면제 특례를 받았다. 그러나 2019 아시안컵에서 우승하더라도 병역을 면제받지 않는다. 그래서일까? 네티즌들은 경기와 관련된 기사들에 악성댓글을 달기도 했다.

올림픽이나 아시안게임에서는 금메달을 따기 위해 선수들이 필사적으로 훈련한다. 금메달을 따면 병역면제뿐만 아니라 부와 명예가 약속되기 때문이다. 이러한 것들이 선수들에게 열심히 뛰도록 하는 동기를 부여한다. 만약 아시안컵에서 우승하면 올림픽이나 아시안게임에서 금메달을 딸 때와 마찬가지로 보상해 준다고 하면 어떻게 될까? 보다 좋은 결과를 낳지 않았을까?

인간은 명령어를 입력하는 대로 수행하는 기계가 아니다. 사장이 직원에게 "열심히 일해!"라고 말한다고 열심히 일하지는 않는다. 감독이 선수에게 "최선을 다하라!"고 한다고 열심히 뛰지는 않는다. 구성원을 움직이려면 동기부여부터 해야 한다.

박항서 감독은 선수들에게 "열심히 뛰어라", "반드시 승리하라"고 말하는 데만 그치지 않았다. 그는 선수들에게 동기를 부여했다. 그들에게 오랫동안 외침에 맞서 싸운 베트남의 불굴의 정신을 대표하는 국가대표임을 잊지 말라고 했다. 그러면서 승리하라고 요구했다. 승리를 하면 무엇을 얻게 되는지를 구체적으로 이야기했다.

그는 베트남 선수들에게 "실력을 인정받으면 유럽 진출도 가능하고, 베트남에서 최고의 부와 명예를 누릴 수 있다"는 사실을 알려주었다. "아시아의 정상급 선수가 되어 유럽에 진출하면 가족이나 나 자신에게도 부와 명예가 생긴다"고 동기를 부여했다.

베트남 선수들은 경기에서 승리해야 하는 명확한 동기가 생기게 되었다. 그 결과 많은 경기에서 기적 같은 승리를 거두며 베트남의 축구역사를 새로 쓰고 있다.

나 자신을 믿어라

2002년 월드컵 전까지만 해도 한국 선수들은 유럽 선수들에게 위축되어 있었다. 상대적으로 체격이 큰 유럽 선수들과 몸싸움하는 것부터 두려워했다. 그래서일까? 월드컵 본선에서 한국은 한 번도 승리하지 못했다.

히딩크 감독은 한국 선수들에게 상체 강화 훈련을 시키고, 평가전을 할 때도 유럽 선수들을 불렀다. 한국 선수들에게 유럽 선수를 두려워할 필요가 없고 자신을 믿으라고 자신감을 불어넣었다.

베트남 선수들은 오랫동안 동남아시아에서도 실력을 인정받지 못해 경기 자체를 두려워했다. 그들은 항상 패배 의식에 젖어 있었다. 경기에 나가면 마냥 위축되었다. 베트남 선수들은 특히 유럽이나 중동 지역 선수들에게 위축되어 있었다. 히딩크 감독과 마찬가지로 박항서 감독은 베트남 선수들에게 자신감을 심어주었다.

"너희는 충분히 이길 수 있다. 유럽 선수들은 강한 것 같으면서도 약하다. 주력도 마찬가지다. 축구선수는 100미터를 한 번만 달리는 단거리 선수가 아니다. 90분 또는 120분을 내내 달린다. 지치지 않고 달리는 것이 중요하다. 너희는 할 수 있다!"

그는 선수들에게 자신감을 심어주기 위해 마인드 컨트롤을 활용했고, 선수들의 마음속 깊은 곳에 잠들어 있던 자신감이라는

거인을 깨울 수 있었다. 베트남 선수들의 가슴속에 비로소 '우리
도 승리할 수 있다'는 자신감이 불타올랐다.

위기에서 흔들리지 않기 위해

얼마 전까지만 해도 베트남 축구는 깊은 침체기를 맞았다. 베트남 대표팀에는 여러 감독이 있었지만 박항서 감독처럼 변화를 이끌지는 못했다. 베트남 국민들의 바람과 달리 아시아는커녕 동남아시아에서도 실력을 인정받지 못했다.

하지만 박항서 감독은 베트남 선수들을 변화시켰다. 그는 다른 감독들과 뭐가 다른 걸까? 그는 "열심히 하라"고 잔소리만 일삼는 아버지 같은 사람이 아니다. 베트남 선수들과 스킨십을 나누며 소통하고, 예순이 넘은 나이에도 선수들과 함께 뛰면서 격려한다.

열 손가락을 깨물면 안 아픈 손가락이 없는데, 훈련이 끝난 뒤에는 선수들을 일일이 포옹해 주고 얼굴을 어루만지는 등 애정을 표현한다. 기자회견장에 난입한 선수들에게 오히려 "너무 순박한 아이들"이라고 말한다. 그러니 베트남 선수들이 마음의 문을 열고 아버지처럼 따를 수밖에.

좋은 리더는 좋은 영향력을 행사하는데, 그의 참모인 이영진 수석코치와 배명호 코치도 베트남 선수들을 자식처럼 사랑한다.

박항서 감독과 코치들은 선수들에게 영어 공부는 물론 자기계발을 하도록 하고 있다. 아버지와 어머니 그리고 형처럼 선수들의 진로를 함께 모색하기 때문이다. 또 선수들과 식구처럼 지내며 생일파티도 해준다. 그래서 베트남 선수들은 박항서 감독을 '파파' 또는 '선생님'이라고 부르며 존경하고 있다.

이러한 박항서 감독은 선수들뿐만 아니라 베트남인과 한국인의 마음까지 사로잡았다. 사람들이 그에게 매력을 느끼는 이유는 이 시대의 '파파'이기 때문이 아닐까? 자신의 안위보다 자식의 미래를 우선하는 아버지, 자식에게 모든 것을 주고 싶어 하는 아버지의 모습을 엿볼 수 있기 때문일 것이다.

지금 우리는 여러모로 위기를 맞고 있는데, 경영악화로 위기에 처한 기업, 가정불화로 흔들리는 가정 등이 많을 것이다. 기업도 가정도 결국 사람이 모여 있는 공동체이다. 사람과 사람이 모여 있는 공동체에서 벌어지는 문제의 대부분은 결국 사람 때문에 생긴다. 흔들리지 않는 기업과 가정 등을 이루고 싶다면 '파파 리더십'을 갖춰 보는 것이 어떨까?

끝으로 한 가지 밝히고 싶은 것이 있다. 이 책에 실린 박항서 감독과 관련된 인터뷰 내용 등은 언론 기사를 토대로 했는데, 원래의 의미를 훼손하지 않으면서 약간의 윤색을 했음을 밝힌다. 보다 재미있는 책을 쓰고 싶어서 그런 것이니, 박항서 감독님과 독자 여러분들이 넓은 마음으로 이해해 주기 바란다.

66

지금 이 시간에도 힘들어하는 한국의 젊은이들에게
들려주고 싶은 이야기가 있습니다.
'성공으로 가는 로열로드(royal road)를 찾느라
귀한 시간을 허비 말라'는 것입니다. 노력은 배신하지 않습니다.

99